中学生からの大学講義 2

考える方法

桐光学園＋ちくまプリマー新書編集部・編

★──ちくまプリマー新書

227

「今こそ、学ぶのだ！」宣言

ちくまプリマー新書は、「プリマー（primer（名詞）：入門書）」の名の通り、ベーシックなテーマを、初歩から普遍的に説き起こしていくことを旨とするレーベルです。学生の皆さんは元より、「学びたい」と考えるすべての人を応援しています。

このたび、桐光学園と共同で〈中学生からの大学講義〉という小さなシリーズを編みました。「どうすれば大学に入れるか」のガイドは世間に溢れています。でも「大学で何を学べるのか」について良質なアドバイスはまだまだ少ない。そこで、知の最前線でご活躍の先生方を迎え、大学でなされているクオリティのままに、「学問」を紹介する講義をしていただき、さらに、それらを本に編みました。各々の講義はコンパクトで、わかりやすい上に、大変示唆に富み、知的好奇心をかきたてるものとなっています。

本シリーズの各巻はテーマ別の構成になっています。これらを通して読めば、「学問の今」を知っていただけるでしょうし、同時に正解のない問いに直面した時こそ必要な〝考える力〟を育むヒントにもなると思います。変化の激しい時代を生き抜くために、今こそ学ぶのだ！

ちくまプリマー新書編集部

挿画　南伸坊

目次 * Contents

〈私〉が存在することの意味

永井均

ながい・ひとし

一九五一年東京生まれ。慶應《けいおう》義塾大学大学院文学研究科博士課程単位取得。哲学・倫理学を専攻。現在、日本大学文理学部哲学科教授。著書に『ウィトゲンシュタイン入門』『翔太と猫のインサイトの夏休み』『倫理とは何か』（以上、筑摩書房）『哲学の密かな闘い』『哲学の賑やかな呟き』（以上、ぷねうま舎）『〈私〉の存在の比類なさ』『これがニーチェだ』『子どものための哲学対話』『私・今・そして神』（以上、講談社）『転校生とブラック・ジャック』『マンガは哲学する』『なぜ意識は実在しないのか』（以上、岩波書店）『哲おじさんと学くん』（日本経済新聞社）などがある。

〈私〉であるという、他の人間たちと違うあり方をした人間が存在する

人間は動物ですから、生物学的な理由で生まれてきます。生物としての人間の一器官である脳は意識を生み出すので、脳があれば人間としての精神状態や心理状態が生まれます。ですから、世の中に人間がたくさんいて、多くの脳が意識を生み出していることは不思議ではありません。これは科学的に説明できる事態です。

しかし、一つ、不思議なことがあります。そのように意識を持ったたくさんの人間のうちの一人が、なぜか、私である、ということです。多くの人間がいて、さまざまな意識や心や精神が存在するが、その中で私であるという特別な在り方をした人間はただ一人です。何がそいつにそんな例外的な在り方をさせているのでしょうか？

どのように例外的なのか？　まず、その点を考えてみましょう。

人間はみな目で世界を見ているとされていますが、実を言えば、現実に見えている目は、私自身の目だけです。他の人の目からは、現実には、何も見えません。私に見えている世界を、他人たちも同じように認知してはいるでしょうが、どのように見えているのか、その見え方は、私には永遠にわかりません。どんな目にも世界が見えているはず

ですが、現実に世界が見える目は、一対しかありません。

音を聞くことで考えても同じことです。現実に音が聞こえる耳は、私の耳だけです。どうして、こんな例外的な目や耳が存在するのでしょう？

殴られたときに痛いと感じる身体も一つだけです。その身体以外の身体が殴られても、現実に痛くはありません。現実に、本当に痛く感じる例外的な身体が一つだけ存在するのです。痛みを感じる生理機構は、どの身体も平等に存在しているはずなのに。この違いはどこから生じるのでしょう？

同様にして、現実に自由に動かせる身体も一つしかありません。現実に見ることができ、現実に聞くことができる。本当に痛いと感じて、実際に動かせる。これらすべてが一つに集結している特別の身体があって、その身体がすなわち〈私〉の身体です。なぜ世界の中で一つの身体だけが他の身体とは違う特殊な在り方をしているのか。なぜ、百年前には存在しなかった、百年後にももう存在しないであろうこんな特殊な生き物が、今は存在しているのか。これが今回のテーマです。

わかりますか。誰《だれ》にとっても自分の目だけが現実に見え、誰にとっても自分の身体だけが殴られると本当に痛い、……という話をしているのではありませんよ。そういう「誰にとっても」の視点に立つこと自体が本当はできないじゃないか、という話をしているのですよ。

最初に断言してしまうと、この問題を科学的に解明することはできません。また、問題が存在するだけで、解答があるわけではありません。しかし、この問題こそがあらゆる問題の中で最も重要な問題でしょう。なぜなら、宇宙の歴史において、このように例外的な在り方をしている私という人間が存在しなければ、何もないのと同じだからです。

解答不可能な問題ではありますが、しかし、ある仕方で議論することはできます。なぜなら、この問題と構造上類似した問題が世の中にいくつか存在するので、その類似性を示して、問題の構造を示すことができるからです。

問いの意味

たとえば、異なる性質を持った五人の人間がいるとします。異なる性質という場合の性質とは、身長、体重、見かけ、性格、心理状態、記憶、これまでの経歴など、その人の持つすべてのことだ、と考えてください。その五人だけで世界が成り立っている、つまり世界はこの五人だけしかいない、と仮定します。このような世界があって、その五人の中に、なぜか〈私〉が含まれているとします。他の四人の目からも、世界は見えているはずですが、現実に、実際に見えているのは〈私〉の目だけです。というより、一人だけその目から世界が現実に見えてしまう人間が、なぜかその世界にはいて、そういう奴《やつ》がいた場合、それがすなわち〈私〉だ、ということです（もちろん、音が聞こえる、痛みや味を感じる、その他どんなことで考えても、同じことがいえます。またこの五人がみんな他人で、〈私〉が含まれていない世界も、もちろん考えられます）。

　そうはいっても、他の四人も自分のことを「私」と言うし、それぞれが自己意識を持っているはずです。世界中の人間はすべて自分の心を持っていて、自分のことを「私」と言うのに、本物の私は一人しかいません。つまり「私」には実は二つの意味があって、一つは、他人を含めた各人がそれぞれ自分自身のことを指す「私」で、もう一つは、世界にただ一人しか存在しない、唯一現実の〈私〉である、というわけです。

　いろんな人間がいる中で、なぜ、そのうちのその一人の人間が、この後者の意味での

〈私〉という在り方をしているのか。別の人間が、この意味での〈私〉であってもよかったのではないか。この問いに対して、一人ひとりの持つ性質の違いによって答えることはできません。たとえば、脳や視神経の構造の話をいくら詳しくしても、この違いを説明することはできないでしょう。なぜなら他の人間にも脳や神経は存在していて、彼らにも世界が見えているでしょうから。私もまた彼らと同じ脳や神経しか持っていないのに、なぜ私だけ現実に見えているのか？　この違いはどこから来ているのか？　この問いに答えた者はまだいません。それどころか、問いの意味さえ理解できない人が多いのです。

　脳や神経はみな同じだとしても、もちろん私は、他の誰も持たない特殊な性質を持ってはいます。遺伝子から顔形や指紋にいたるまで、いくらでも。だからこそ、他人たちだって、私を他の人から識別できるのですから。しかし、そのような特殊な（＝他の人と違う）性質によって、ある人間がここで問題にしている意味での〈私〉であるわけではありません。そんなことでいいなら、誰でも他の人たちと違うそういう特殊な性質を持っていますから。それなのに、たいていの人は私ではなく、みな一様に他人で、〈私〉

は一人しかいません。

こうした問題を考える場合に、よくなされる議論が二つあります。一つは「複製」、もう一方は「分裂」です。

〈私〉が複製された場合

私と分子構造のレベルからすべて同一の複製人間が作られたとします。もちろん脳も完全に複製されています。脳は心を生み出すので、記憶や性格といった心的なものもすべて私と同じである人間がもう一人存在することになります。何もかも同じといっても、二人は別の個体ですから、立っている空間的位置は違います。だから、そのことによって、見えている風景などはもちろん違います。複製が作成された瞬間は、二人の記憶はまったく同じですが、少し時間がたてば、見えている風景が違うのですから、記憶も違ってきます。それ以前のことに関しては、記憶が同じなのですから、複製体は、私が誰にも話したことのない秘密なども、もちろん全部知っているわけです。

このまったく同じ二人の人間を仮にAとA′と名づけましょう。私はもともとAでした。

そこにAとまったく同じ諸性質を持ったA′が作られたわけです。まったく同じと言ってもA′は他人ですから、A′の目から現実に世界が見えたりはしません。A′の身体を殴られても現実に痛みが生じたりはしません。さて、その後Aである私が死んでしまったとします。つまり私は死んで、複製であるA′だけが生きている状態になったわけです。

このとき、二通りの考え方があるでしょう。一つは、Aが死んでしまっても、Aとまったく同じ人間であるA′が生きているのだから、私は生きているのと同じだ、という考え方。もう一つは、Aが死んでしまえば、現実に見えたり聞こえたり痛かったり体を動かせたりする唯一の主体が、世界から消えてしまったのだから、他人から見れば私（つまりA）と同じ人であるA′が生きていても、それは私自身には関係ないことだ。つまり、私はもう死んでいる、という考え方です。

イギリスの哲学者、デレク・パーフィットが『理由と人格――非人格性の倫理へ』（森村進訳、勁草《けいそう》書房、一九九八年）という著書の中で似たようなことを論じています。パーフィットの意見は、A′が生まれた瞬間にAが死んだとすれば、A′が生きている限り、私は存在するのと同じである、というものです。

私が何か人生で実現すべき目標を持って生きているとしましょう。それの実現それ自体が私の人生の意義だとすると、私であるAが死んでも、その目標を実現するために必要なことはすべてA′がやってくれるので、私の人生の意義はまったく失われないことになります。AもA′も能力は同じだから、実現できることも同じです。そのように考えると、Aが存在することとA′が存在することのあいだに本質的な違いはないことになります。Aが実現すべきことはすべてA′が代わって実現してくれます。この「実現すべきこと」は「自分の快楽を最大にすべきである」のような利己的なものであってもかまわない点に注意してください。どんなに利己的なことであっても、A′の「己」がそれを実現してくれるからです。

逆の発想で、自殺願望のある人だったらどうでしょう。Aである私が死にたくなって、幸いにして、うまく自殺できたとします。しかし、自殺する少し前にA′が作られていたとすると、性質的に同じ人であるはずのA′はそのまま生き続けてしまうために、私は自分を殺しても自殺できないことになります。これが一つの考え方です。そんなことはなく、自分を殺せば、私の死後にもこの世界に私そっくりの奴がいるというだけで、それは私には関係ない話だ、つまり、私はちゃんと死ねる、というのがもう一つの考え方です。

〈私〉が分裂した場合

ここまでは「複製」で考えた場合の話です。次にもう一方の「分裂」で考えてみましょう。「複製」は、片方がコピーであるため、そっちが偽物という印象がぬぐえません。「分裂」は、ある人物が対等に二つに分裂することなので、どちらも出生の違いによって差別を受けることがありません。

この講義が終わって、あなたがそのドアから出たとき、右に行こうか左に行こうか迷うと、体が二つに分裂して二人になったとします。どちらの目も見る能力を持っています。どちらの体も痛かったり痒《かゆ》かったり感じることができます。どちらの体も自分で動かすことができます。しかし、この、どちらの目も見えて、どちらの体も痛みや痒みを感じて、どちらの体も動かせる、という言い方には、二つの意味があります。

一つの意味は、私が二つの身体を持つようになる、という意味です。つまり、私は二つの体を動かすことができ、二つの体の痛みや痒みを感じることができ、四つの目から世界を見ることができる、という意味です。一つの心で、二人の感覚器官から得た情報を統合して、二つの体を動かして別々の作業を指示しなくてはならないと想像してみると、これはなかなか大変そうです。

　もう一つの意味は、私はどちらか一方であって、ふつうに一人分の体だけを持っており、その一つの体だけを動かすことができ、その一つの体の痛みや痒みだけを感じることができ、その体についている二つの目からだけ世界を見ることができるのであって、分裂したもう一方の奴は、もちろん彼自身としては、見えたり聞こえたり、痛かったり痒かったり、動かせたりするでしょうけど、それは私のあずかり知らぬことである（つまり彼が本当は何も感じないゾンビであっても私には決してわからない）、という意味です。彼は、私とまったくそっくりであるにもかかわらず、私ではありません。なぜなら彼は、ここで使っている言葉づかいで表現すれば、現実に見えたり聞こえたり、痛かったり痒かったり、動かせたりしないからです（ここでの「現実に」という言葉の意味は通常の意味とは違うので注意してください）。

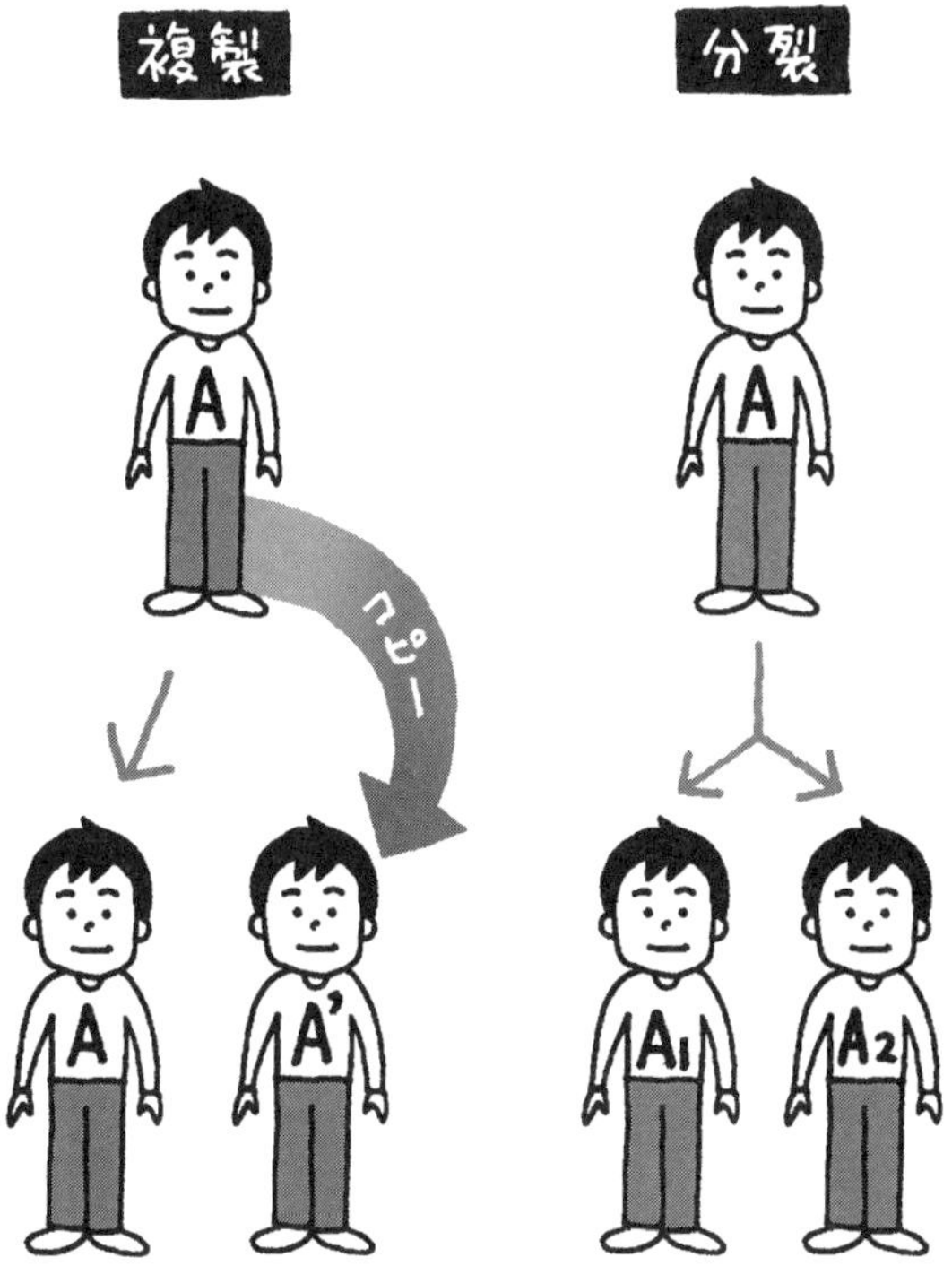
複製
分裂
A
コピー
A
A'
A
A1
A2

どういう場合に〈私〉は存在するのか

複製の場合も分裂の場合も、私は世界に一人しかいません。私は、なぜ世界に一人しか存在できないのでしょうか？　私である人が複数存在することはなぜできないのでしょうか？　なぜ一人しかいないのか、ではなく、なぜ一人はいるのか、という問題ならどうでしょう？

世界の中に〈私〉という特殊な存在が、なぜ一人は存在しなくてはならないのか。これには、いや、そんなことはない、と否定的に答えることもできます。世界に〈私〉がいないことは可能だからです。たとえば、百年前は、ここにいる人は誰も存在しなかったし、百年後にもたぶん誰も存在しないであろう。だから、世界に私がいない状況は過去にありえたし、未来にもありうることになります。たまたま今は存在しているけど、いないことは可能だといえるわけです。それから、たとえば、私が胎児のとき母親が中絶していたら、私は存在していない、ともいえます。だから、人類が存在して、人間はたくさんいるけど、その中に私は存在していない、ということも可能だ、といわざるをえません。そう考えると、世界の中に〈私〉という特殊な在り方をした生き物が一つだけ現に存在しているという状態は、偶然的であるといわざるをえません。必然性はありません。

そうはいってもこうもいえます。今の話は過去と未来のことで、過去や未来には確かに私はいないが、現在はもういるわけです。そして、さきほど話に出た過去や未来というのは、現在、私がいるこの世界の過去や未来でしかありえないのですから、私はもう存在してしまっています。つまり、私がいるところからしか話は出発させることができません。そういう意味では、私は必然的に存在することになります。

さて、そこで、もう一歩踏み込んで考えてみましょう。今、母親が中絶したら私は生まれてこなかった、と言いましたが、逆に考えてみましょう。つまり、母親が中絶せずに、現実の私と同じ性質の束を持った奴が生まれてきたら、そいつは必ず私なのか、と。

前に言ったように、あらゆる人間にはその人をその人たらしめている性質の束がありま す。だからこそ、その性質の束を持った人間をもう一人作ると、前の人とまったく同じ人、つまりその人の複製体が出来上がってしまうわけです。私にも、私をたらしめている性質の束があります。でも、その性質の束を持った人がそのことで私になるわけではない、ということが、複製や分裂の思考実験の教訓でした。その性質の束を全部持った奴は、それだからといって必ず私になるわけではないのでした。ということはつまり、現実に〈私〉である、ということの性質は、そうした普通の諸性質とは異次元の性質だ、ということになります。

この教訓をしっかり受け止めるならば、母親が中絶せずに、現実の私と同じ性質の束を持った奴が生まれてきたら、そいつは必ず私なのか、という問いに対する答えは、否、ということになります。そうとは限らない、ということです。母親から私とまったく同じ人間が生まれてきても、そいつがなぜか私でないことは可能な事態だからです。この現実世界では、そいつはなぜかたまたま私であった、というだけのこと。これが、複製や分裂の思考実験から得られた教訓だったわけです。

ということは、逆に、母親が中絶して、現実の私と同じ性質の束をもった人間が生まれてこなかったら、私は生まれてこないことになるのか、という問いに対する答えもまた、そうとは限らない、というものになります。私は誰であることもできたわけです。

もちろん、誰でもないことも、です。

言葉で表現できない〈私〉と〈今〉

なぜ〈私〉であるような人間が存在するのか、という問題は、科学的に答えることはできない、いや、そもそも答えることはできない、と言いました。しかし、同じ構造の問題があることに気づくことによって、問題の意味の理解を深めることならできます。今まで述べてきたような意味での〈私〉の問題に類似した問題は、どんなところで生じているでしょうか？　意外に思うかもしれないが、それはたとえば〈今〉あるいは〈現在〉という時間上の在り方において、です。

〈今〉というものは、まさにこの今しかありません。もちろん、過去にもその時の「今」はあっただろうし、未来においてもその時の「今」はあるでしょうが、それらは、現実の今ではなく、その時点にとっての今にすぎません。「私」の問題で言えば、他人にとっての自分、他人にとっての「私」にすぎないのと同じことです。

たとえば、自分の過去の日記の中に「今、僕は……」と書いてあるのを読んだとすると、過去においてその時の「今」のことを言っているんだ、とすぐに理解できます。過去なのに「今」だなんて変だなあ、なんて思う人はいません。他人が「私」と言っても変だなんて思わないのと同じことです（「私」と「今」のこういう構造上の同型性を見抜くことが重要なのです）。とはいえ、そこに書かれている「今」は、過去であって、本当の、現実の〈今〉ではない、ということは、誰でも即座にわかります。その区別がつかなくなってしまう、なんてことはありえないでしょう。

しかし、面白いことに、その区別を表現できる言語表現は決して存在しません。いいかえれば、現実の、この今だけを指す言葉は決して存在しません。「現実の今」という表現を使って区別したところで、過去や未来においても、この同じ表現は必ず使えてしまいます。「私」の場合もまったく同じです。現実に私である唯一の人間が使う「（現実の）私」と、現実には私でない他者が使う「（現実の）私」との間に、言語上の区別はないし、言語上の区別によって、この違いを――ある意味ではこれ以上ないほど重要な違いなのに――表現することは決してできないのです。

しかし、それはなぜでしょうか？　ここに二つ目の「なぜ」があります。一つ目の

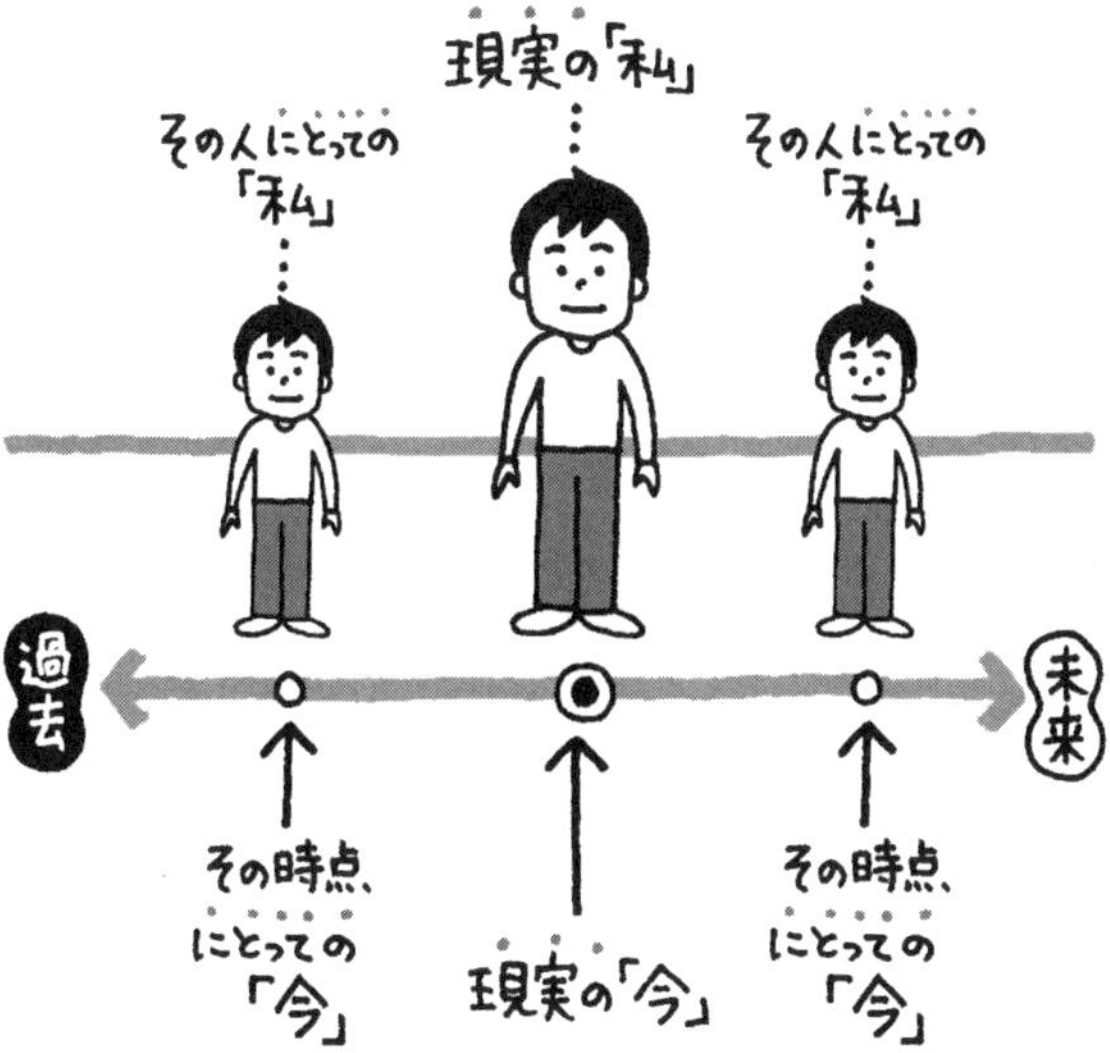

「なぜ」は、なぜ一つだけ特別の、現実の〈今〉や現実の〈私〉が存在するのか、でした。それなのに、その特別のものと特別でない「今」や「私」とのきわめて重大な違いが、なぜ言語表現には決して反映されないのか、これが二つ目の「なぜ」です。現にぜんぜん違うものなのに、その現に違うというそのことが言語で表わせないのはおかしいじゃないですか。逆に言うと、この二つ目の「なぜ」はこう言ってもいい。それでもぜんぜん困らないのはなぜか、と。こんな根本的な違いを言葉で区別できなくて困ることがないの

はなぜでしょうか？

この二つ目の「なぜ」の方の問題は、学問としての哲学が答えることができる、きちんとした議論が成り立つ問題です。しかし、今は時間もないので、そちらではなく、一つ目の方の、むしろ答えることのより難しい方の問題について、さらにちょっとだけ付け加えておきます。

〈私〉の死によって失われる〈存在〉

哲学の話なのに有名な哲学者の名前が出なかったので、最後に二人の有名な哲学者の名前を出して終わりにしましょう。

ドイツの哲学者で、『存在と時間』という本を書いたマルティン・ハイデガーという有名な人がいます。『存在と時間』の主題は、存在と死です。死とは生き物の存在が無くなること、つまり存在しなくなることです。議論のポイントは、死において無くなるものは何か、という点にあります。ここで、さっきから問題になっていた「私」の二種類の区別がきいてくるのです。

ハイデガーは、死こそが「最も自己固有」のものであると主張しました。最も自己固有とは、他者と共通性が無く、自分だけのものであるということです。これに対して、ジャン＝ポール・サルトルというフランスの、これまた有名な哲学者が、『存在と無』という本で、死が自己固有であるならばその他のすべての事柄も自己固有ではないか、と反論しました。私が今している講義も、私がいま頭に感じている痒みも、私の人生のすべてが、私にのみ固有のものであることにかわりはないだろう、と。

さてここで、先ほどのパーフィットの議論を思い出してください。私が何か人生で実現すべき目標を持って生きていて、その実現が私の人生の意義だとすると、それは「自己固有」ではないことになります。なぜなら、私以外の人でもそれを実現することができるからです。複製や分裂の思考実験を思い出せば、私以外の人でも、私とまったく「同じ」人生を生きて、私とまったく「同じ」体験を味わうことさえもできることになります。

では、私にしかできないことは何か？　それは私の人生を生きること、です。それは決して、私の人生と同じ内容を生きること、ではありません。同じ内容でいいなら、私の死後に生き残った私の複製体にだって生きられるのですから。

この違いが理解できれば、ハイデガーがなぜ死こそが自己固有だと考えたのかも理解できるでしょう。自分の死によって決定的に失われるものは何か、を考えてください。あなたとまったく「同じ」人間であるあなたの複製体や分身が生き残って、あなたが感じたであろうのとまったく「同じ」ことを感じ、あなたが生きたであろうのとまったく「同じ」人生を生きたとしても、あなた自身が死んでいれば、それは、いわば、すべてが無になった後の話にすぎません。

ハイデガーは「死」と「落命」を区別しました。通常はこの二つは重なって起きると考えられているので、区別されていませんが、いま考えたように、思考実験として、複製体や分身が生き残る場合を考えてみると、この区別が理解されます。複製体や分身が生き残って、私が実は死んでいることが誰にも知られないとすれば、これは私が死んでいるのに落命していない場合です（逆の落命しているのに死んでいない場合としては、幽霊や霊魂として生き残るような場合を考えればいいでしょう）。

他人に関しては、基本的に「落命」しかありえません。たとえ自分が愛する人が死んだとしても、それで世界が終わったりはしません。これに対して、自分の「死」は、そこですべてが終わってしまいます。舞台そのものが無くなってしまうのです。愛する人の死は、私という舞台の上で起きる大事件にすぎません。映画で言うとスクリーンの中での大事件にすぎません。自分の死の場合は、スクリーンそのものが消滅するのです。だから、「死」は、他の「落命」とはぜんぜん種類の違う出来事なのです。そういうぜんぜん種類の違うことが「死」において起こるから、「死」において無くなるものが何であるか、ということを考えることによって、初めて〈存在〉ということの本当の意味が理解できることになるのです。他のことについて考えていたのでは、存在するとはどういうことかは、決してわかりません。

存在の本質を理解するには、私の死と他者の死を対比して、私の死においてこそ決定的に失われるものは何であるか、を考えなければなりません。「落命」は存在の内部の出来事で、そこで存在が無に帰することはないのに対して、「死」においては、存在そのものが決定的に無に帰するのです。しかし、このとき無に帰するものを、世界の中で客観的に捉えることは決してできないのです。私が死んでも、複製体や分身が生きていれば、つまり私が落命していなければ、私が無に帰したことは知られないでしょう。それと同じように、私が普通に死んだ場合でも、つまり複製体も分身も残さずに普通に死んだ場合でも、そのとき決定的に無に帰した存在は、誰にも知られないのです。なぜなら、ただ、ある人が死んだ、つまり落命した、という舞台上の出来事が起こったとみなされるだけだからです。

　誰にも知られない、そのとき決定的に無に帰した存在こそが、「最も自己固有」といわれたものです。だから、何が最も自己固有であるかは、死において何が無くなるかを考えることによってのみ明らかになるわけです。私が今している講義も、私がいま頭に感じている痒みも、……私の人生のすべてが、その中身だけ考えれば、複製体や分身に代わってやってもらうことができることなのですから、自己固有ではないのです。それらは、死において決定的に無に帰する〈存在〉ではありません。

　そういうわけで、先ほど〈私〉や〈今〉が言語で表現できなかったように、ここで問題にしている〈存在〉も、言語では表現できません。言語は舞台の上の、あるいはスクリーンの中の、出来事しか表現できないからです。現に成立しているこの今こそが、本当の、現実の、今だ、ということは「今」という言葉では表現できない、どんな言葉を重ねても決して表現できない、とさっき言いましたが、あれと同じことが、ここでも起こっているわけです。

ハイデガーの用語では「存在論的差異」といいますが、存在論的差異は言語では表現できないわけです。言語は、いってみれば、この差異を消すために存在しているからです。なぜそうなのか、といえば、それは言語というものは、いわば原初の道徳であって、われわれは言語を学ぶことで、みんな同じで、私自身も一人の人間にすぎない、という道徳的な世界観に入らせられてしまうからなのですが、それは今日ここでは論じることのできない、また別の問題です。

イラスト　たむらかずみ

◎若い人たちへの読書案内

筒井《つつい》俊隆《としたか》「消去」
グレッグ・イーガン「貸金庫」等
筒井康隆《やすたか》「下の世界」

中学生のころ、私はSFが好きであった。私にはこの世界はじつは表面的にそう見えるようなあり方をしてはいない可能性があるように思えて、「こうでない可能性」を考えないで落ち着いてはいられなかったからである。当時、そういう私の心を最も深く捉えたのが**筒井俊隆**（作家の筒井康隆のお兄さん）の**「消去」**という作品だった。（これは、かつて**『SFマガジン・ベストNo.2』早川書房**、に入っていたが、今この本は絶版のようである。）人類が地球に住めなくなって他の惑星に移住し、実際に存続する代わりに培養器の中の脳が人生の映像を見続けるのだが、現在のわれわれはその培養脳が作り出した世界の住人にすぎないという話で、実際に「そうである可能性」があると考えられることが、私には楽しかった。

私はいま哲学を研究しているが、当時の私にとっては、SFこそが哲学であった。後から知ったことだが、ヒラリー・パトナムというアメリカの哲学者の『理性・真理・歴史』という本の冒頭にはこの話とよく似た話が提示されていて、そういう可能性の想定が有意味であるかどうかを検討することから哲学的議論が開始されている（これと、デレク・パーフィットの『理由と人格』の第十章の火星旅行の話とが、哲学者の提示したSFの代表的なものである。その箇所だけでよいので、ぜひ読んでもらいたい）。

作家の作ったもっと新しい（いま入手可能な）哲学的SFが読みたいなら、まずは**グレッグ・イーガン**の短編集『**祈りの海**』の最初の三篇をお勧めしたい。イーガンの作品にはつねに哲学的思索に通じるポイントが含まれているが、そういう意味で読むには、代表的な長編小説よりも短編集のほうがむしろ役に立つ。

その後、私はSF作家にはならず哲学者になったわけだが、哲学とは古代ギリシアで始まった「世界がこうあることへの全般的驚き」に端を発する思索のことである。哲学とは、森羅万象を「こうでない可能性」のもとに見るものの見方のことなのである。哲学においては、SFにおいてと同様、われわれが培養脳の産物であることも、他者や過去がほんとうは実在しないことも、みな「可能」だとされる。しかし、SFと哲学の大きな違いは、それでも哲学があくまでも学問であるというところにある。では、学問とは何か。その定義ではなく、いわば心意気を提示したSFとして、**筒井康隆**（俊隆の弟で現役の作家）の短編「**下の世界**」の一読を勧めたい（『佇《たたず》むひと』新潮文庫、に収められている）。これも、素晴らしい。

それは、本当に「科学」なの？

池内了

いけうち・さとる

一九四四年兵庫県生まれ。京都大学理学部卒、同大学院博士課程修了。一九七二年京都大学理学部を皮切りに、北海道大学、東京大学、国立天文台、大阪大学、名古屋大学、早稲田大学、総合研究大学院大学を経て、二〇一四年より総合研究大学院大学名誉教授。専門は、宇宙物理学、科学・技術・社会論。世界平和アピール七人委員会の委員、大佛《おさらぎ》次《じ》郎《ろう》賞選考委員も務める。著書に『疑似科学入門』『科学の考え方・学び方』（以上、岩波書店）『宇宙論と神』『物理学と神』（以上、集英社新書）など。

それはホントに「科学的」？

君たちは「科学のようで科学でないもの」に出会った経験はないだろうか？　一見すると科学的だけど、本当に科学と言えるのかどうかは定かではないもの。あるいは、科学的な要素を利用して、別の目的を果たそうとしているもの。——例えば、血液型を想像してみるとわかりやすいかもしれない。君たちは友達と会話をするときに、「血液型は何型？」ということを挨拶代わりに使ったことはないだろうか？　あるいは、その人の血液型が「B型」であるというだけで会話が盛り上がった経験はないだろうか？　おそらく、ここで心当たりのある人は、血液型に性格が表れるということに真実性があると感じているのだろう。しかし、それがどういうメカニズムで実証されるのかと問われれば、きちんと答えられる人はいないはずだ。

また、一時期の健康ブームに乗って大流行した「マイナスイオン」というものについても同様のことが言える。この言葉には、いかにも科学的なイメージが漂うため、無条件にその効能を信じてしまう人もたくさんいたようだが、実は科学用語にそんなものは存在しない。こういった項目はすべて「ニセ科学」とでも呼ぶべきものである。

実際、現代の社会には「ニセ科学」が蔓延《まんえん》している。科学のふりをすることで、不合理なことでも堂々とまかりとおってしまっている。これは、僕のように多少なりとも科学に携わる人間にとっては、うかうか見過ごせない問題だ。なにより、悪質な「ニセ科学」によって人生を大きく狂わせてしまうケースだってあるのだから。

この授業を通じて君たちに伝えたいこと。それは、「科学」と「ニセ科学」の違いを知り、その見極め方を自分の目で養ってもらうことだ。そのためには、本当の意味での科学的な思考を身につける必要がある。

「科学」と「ニセ科学」の違い

ではそもそも「科学」とは何か。

英語で表すと「science」(サイエンス)だが、元々の語源はラテン語の「scientia」(スキエンティア)という言葉に由来する。この「sci」というのは「知る」、「entia」というのは「成す」という意味を表す。「知るを成す」――すなわち、総合的な知識を得るという意味だ。つまり、「science」という言葉は、本来は自然科学のみを指す言葉ではなく、さまざまな分野のさまざまな知識を得るという意味で使われていた。もっぱら自然科学のみを意味するようになったのは一九世紀半ば頃になってからである。

したがって、簡単に整理するなら、理論と実証によって客観世界・自然世界の普遍的な原理や法則を発見することが「科学」。別の表現をすれば、研究によって獲得し、実験によって確立した知識とも言える。つまり、研究し、実証するということが科学にとって非常に重要なことなのだ。

加えて、科学には、いくつかの満たさねばならない要件がある。

例えば合理性。これは道理に適《かな》っているということ。それから論理性。すなわち筋道が通っているということ。そして実証性。実験や理論によって証明できるということ。それに普遍性。一つの事例だけに適用できるのではなく、似たような事例、あるいは質の違った事例にも適用できるということが重要である。それから無私性。個人の意向や願望に左右されないということ。自分自身が「こうあってほしい」「絶対こうあるはずだ」と思う気持ちはもちろん大事だが、科学とは本来、そういう個人的な意向や希望・願望とは無関係に成立するものなのだ。

それから懐疑主義の必要性。つまり、疑義や批判を怠らないということ。実際、科学者というものは疑ぐり深い人種だ。ある結果を示されたとき、それが本当かどうか必ず疑う。疑って疑って、そのうえで納得したときに、初めて「正しい」という言葉に到達する。真理を得るためにはまず疑うことが必要なのである。そして最後に、公有性。誰《だれ》もが同じように使えるということ。つまり、「どこでも、いつでも、誰でも」が成立して初めて「科学」と言える。

「科学」であるためには、これらすべての要件を満たしたものでなければならない。逆に言えば、これらの要件を満たさないものは科学とは言えない。すなわち、「ニセ科学」に属するのである。

「ニセ科学」を科学してみよう

ある事柄を科学的に検証するとき、僕たち科学者は次のような手順を使う。すなわち、

1. さまざまな例を列挙する。
2. 内容を調べて分類する。

共通する部分と異質な部分に分ける。
3．全体を貫く理由（普遍性）を考える。
4．結果的にどうすればよいのかを提案する。

今回は、この科学的検証法を用いて、君たちの身の回りにも潜む「ニセ科学」というものを科学してみようと思う。

1の例示に関しては、後で項目ごとに触れていくつもりなのでここでは割愛させてもらう。実際に、僕が思うさまざまなニセ科学の例を列挙したうえで、その特色ごとに分類してみたところ、三つのタイプが浮かび上がった。以下、そのタイプ別の特徴と、それぞれの問題点などを洗い出しながら、「ニセ科学」の正体について科学的に迫っていきたいと思う。

第一種ニセ科学――心に関する問題

私たちの心というのは常に安定しているわけではない。誰しもが、悲しんだり、喜んだり、怒ったり、泣いたり、さまざまな「心のゆらぎ」を抱えている。ここではまず、この「心のゆらぎ」につけ込むタイプのものを、第一種ニセ科学として分類しながら説明していこう。

この第一種ニセ科学には、占いや超能力、あるいは疑似宗教と呼ぶべきものが属する。ここでいう疑似宗教というのは、宗教のようで宗教でないもの、すなわち宗教に似せた別の代物のことだ。このジャンルは一見すると、「ニセ科学」という科学的な分類には入らないと思うかもしれない。しかし、「なぜ怪しげな宗教に引っ張り込まれるか」という仕組みの部分に、実は科学的な領分が存在しているように、科学と関係があるのだ。

例えば、私たちには未来がどうなるのかわからない。わからないからこそ、不安におびえ、ゆらぎ、知る術を与えてくれるものを求めてしまう。また、自分ではどうすることもできない悲しみや苦しみがあったとき、その苦痛を払いのける方法を教えてくれるものにすがってしまう。占いやおみくじに頼る現象は、その典型的な例と言える。もちろん、人によっては、占いやおみくじによって迷いを吹っ切って安心を得ることで前向きになれるというケースもあるから、個人の趣味レベルにとどまっているうちは問題ない。しかし、それが個人の枠をはみ出し、すべての人間に適用できると勘違いすることで、他人の運命や人生まで左右するようになってしまうと大変危険である。

実は、冒頭に挙げた「血液型」の例もここに属する。結論から言えば、血液型は人間の性質を本質的に決めているものではない。これはさまざまな研究においてすでに明らかにされていることだ。実際、血液型で性格を気にするのは日本と韓国だけ。他の国々では話題にものぼらないし、そもそも人間をたった四種類に分類することなど不可能であるのは自明の理である。ちなみに一般的には知られていないが、血液型というものは細かく分類すると、最低でも五〇種類にのぼる。本当に性格を決定づけるという科学的根拠が存在するなら、五〇種類に分けて説明していかなくてはならないはずだ。つまり、簡略化すれば四種類に集約できるという側面が、占いに都合よく利用されているにすぎないのである。

こういう血液型占いをゲーム感覚で楽しんでいるうちはいい。しかし驚くべきことに、とある企業において、血液型に応じて社員を採用したり、社内のチーム編成を行うということが起きてしまった。血液型によって人を分類し排除するという、恐ろしくもバカげたことが、一部で実際に行われているのである。これは人間が持つ本来の可能性を摘み取ることにほかならない。血液型にかぎらず、名前も誕生日も生まれ年も、本人の力とは全く関係のないところで決まるものである。人生というものは、自分自身の努力や熱意によって決まるもの。だから外側から勝手に貼られたレッテルなどまったく気にする必要などない。自分のこれまでの生き方を内側から省みるほうがよっぽど有益だ。

それから、いわゆる「超能力」というもの。オーラとかテレパシーといったものがその代表的な例といえる。さらに、気や霊といったものを信じる人もいる。また例えば、道具も何も使わずに遠方の人と会話ができる。これらはある意味、現代科学を否定するところに端を発している。簡単に言えば、「すべてが科学で解明されているわけではないのだから、こういうことがあってもいいだろう」という主張である。つまりオーラやテレパシーの力を標榜《ひょうぼう》する人々は、科学を超えた「超科学」がそこに存在すると言いたいのだ。

ところが、実はそういった超科学の主唱者が述べている内容は、数々の実験や理論の積み重ねと裏打ちによってすでに解明されている範疇《はんちゅう》のものばかりであり、その主張はすべて過不足なく否定されている。彼らは心や精神の世界が物質で表せないことを利用し、「未解明の科学」と称することで、現実世界から目を背けたいという人々の無意識の願望につけ入っているにすぎないのである。

そして、第一種ニセ科学の中でもとりわけ厄介なのが疑似宗教。誤解しないように言っておくが、これは宗教一般を指すものではない。本来の宗教というものは、心の悩みを受けとめ、いかに健全に生きるべきかということを教えてくれるものだ。ところが、中には「○○すれば金持ちになれるぞ」といった、物質的な利益に絡めて教義を説く怪しげなものがある。これが疑似宗教である。当然のことながら、本当の宗教というものは、物質的な利益とは無関係のもののはずだ。

この疑似宗教の問題は、現世の利益・不利益を振り回したり、「たたり」といった言葉を使って脅迫や洗脳を用いることで、信奉を強要してしまう点にある。それがどれほど危険なことであるかは、君たちにも充分わかるだろう。

幸運グッズは必ず幸運を呼ぶ!?

こうした「心のゆらぎ」につけ込むニセ科学に対抗するうえで、知っていて非常に役立つのが「平均への回帰の法則」だ。これは統計学的な現象としてきちんと認められているものだ。

人間の心も含め、この世の事象というものすべて、一定の安定した状態では進まない。上がったり下がったり、山・谷・山・谷の波を繰り返しながら、平均のラインを常に上下している。例えば、学校のテストの得点というものを思い浮かべてほしい。平均の上だったり、下だったり、いつも同じ平均点を取るわけじゃない。問題が難しいときもあれば、易しいときもあるし、身体の調子のいいときもあるし、悪いときもある。そういうさまざまな要素を含みながら、上下を繰り返し、結局は平均の数字に回帰するのだ。実際に、中間試験で特別に高得点だった学生たちに注目して調べると、一般的に期末試験では中間試験のときよりは平均点により近いという結果になる。それは、中間試験で働いたさまざまな偶然が、期末試験では必ずしも働かないからだ。

君たちのご両親や学校の先生の中には、「褒めると成績が下がり、叱ると上がる」というジンクスを信じている人もいるかもしれないが、当然ながらこれは誤りである。褒める場合というのは、いつもの状態より上の成績を取った場合だと思われるが、平均回帰への法則に従えば、その次の成績は多かれ少なかれ以前よりも下がる場合が多い。ところが、この法則を知らないと、成績が下がったという現象を「褒める」という行為の結果だと誤解してしまうのだ。これは「叱る」場合も同じである。叱る場合というのは、いつもの状態より下の成績を取った場合なのだから、その次の成績は必ず上がることになる。

この点に留意しながら、今度は「幸運グッズ」と呼ばれるものについて考えてみよう。私たちが幸運グッズを買うタイミングというのは、「最近ラッキーだな」と感じるときよりも、何か悩み事を抱えていたり、困ったことが起きたときのほうが圧倒的に多いのではないだろうか。つまり、どちらかといえば自分自身が「幸運でない」と思う状況で、すがりたい気持でそれらのグッズを買う。すると、しばらくして幸運が舞い込む。それを「幸運グッズのおかげだ」と思い込んでしまう。

このカラクリ、今ならもう君たちにもわかるはずだ。そこで舞い込んできた幸運は、もちろん購入したグッズのおかげではない。単に平均への回帰の法則に従って、マイナスに偏った値からプラス方向に引き戻るという当たり前の現象が起きたにすぎない。つまり、不運も幸運も、平均からのズレなのである。どちらかにズレた後は、必ず平均へと戻る。その差異が、人々に「幸運」と「不運」という概念で把握されているだけなのだ。だから不運の時期の後には必ず幸運がやってくる。幸運グッズなど買わなくても、少し我慢していれば、やがて幸運がやってくるのである。

「ゆらぎ」というものがすべての人間に存在する以上、プラスの出来事もあればマイナスの出来事もある。プラスがあったときは足元をすくわれないよう心を引き締め、マイナスがあったときは、やがてプラスに転じるまで頑張ればいい。良いことも悪いこともいつまでも続かないということを肝に銘じた上で、振り回されずに常に努力していれば、大きな「心のゆらぎ」につけ込まれてしまうこともない。つまり、第一種ニセ科学に騙《だま》されずに済むというわけだ。

第二種ニセ科学――物質にかかわる問題

次に考えるのは第二種ニセ科学について。これは「物質」――すなわち物品の販売に絡んで、科学が乱用・誤用・悪用・盗用されているものである。

この第二種ニセ科学というものは、商売に絡んでいるゆえにいろんなタイプが考え出されている。とはいえ、どれにも共通していえるのは、あらゆる角度から消費者を信用させ利益をもぎ取るために、科学が資本主義的に利用されているということだ。

まずは、「いかにも科学的に見せている」タイプのもの。実際には科学的に証明されていないにもかかわらず、証明されているかのように宣伝して、売る。これには科学用語を乱用しているものが多い。その典型的な例が、冒頭に挙げた「マイナスイオン」である。数年前にブームが訪れた当時、エアコンやドライヤー、掃除機などの電化製品の中には、当たり前のように「マイナスイオンが健康にいい」などという言葉で効果・効能を謳《うた》っていたものも多かった。ところが、「マイナスイオンがどれだけ身体にいいのか」「だいたいマイナスイオンというのは発生してどれぐらい空気中にとどまれるのか」といった具体的な質問を家電メーカーに投げかけたところ、メーカーの人は誰一人としてまともに答えられなかったという。それもそのはず、科学用語に「マイナスイオン」という言葉は存在しない。少なくとも、科学の世界では「マイナスイオン」などという用語は使わないのである。しかし、いかにも清々しい空気の中、細かい水飛沫《ひまつ》をあげている滝壺《たきつぼ》を見て、「あそこではマイナスイオンが大量発生しているから健康にいい」などと説明されると、大抵の人はなんとなく納得してしまう。そういう原理をこのエアコンにも適用している、などと聞くと、もっともらしく思えてしまうのである。

だが、たとえ「マイナスイオン」という言葉が、一般的にまかりとおっているように「空気中の原子や分子が電子を得てマイナスに帯電（＝イオン化）したもの」を指すとしても、実際の状態ではほとんどイオンは発生していないか、発生しても瞬間的に消えてしまう。これは科学者たちが改めて調べ上げた結果、きちんと証明されていることである。最近になってこの言葉を見かける機会が減ったのは、すでにそのインチキがバレてしまったからだ。

一方、こうした「マイナスイオン」商品が大流行した背景には、常に健康や長寿を追い求める人々の欲望がある。身の回りにある健康食品やサプリメントの数を考えれば、すぐに思い当たることだろう。しかし、それが社会問題にもなっている「恫喝《どうかつ》産業」というものと結びついてしまうと、事態はいっそう深刻になる。

「恫喝産業」というのは相手を脅して、それをしなければならないような気にさせる商売のこと。例えば、グルコサミンという成分の入ったサプリメントのCMを見たことがないだろうか。グルコサミンとは、簡単に言えば、身体の関節の中でクッションのような役割を果たす成分で、加齢とともに減少する。よく見かける広告の中では、この減少の様子が誇張され、あたかも能力の衰えの元凶であるかのように強調されているのだが、そもそも加齢による能力の衰えは、生物学上当然のことだ。確かにグルコサミンの減少も原因の一つではあるかもしれないが、本来はいろんな要素が組み合わさって起こる現象である。ところが、「これを飲めば健康でいられる」という謳い文句が、人々の老化に対する恐怖につけ込み、次第に「飲まなければどんどん衰える」という脅迫感に変えてしまう。グルコサミンの科学的成分が、結果的に脅迫に悪用されているのである。

また、人というものは、難解そうな科学用語を用いられると、なぜか簡単に信じてしまう傾向がある。その弊害の一つが、いわゆるDNA信仰だ。現代の警察はDNAを調べればすべて犯人がわかるような言い方をするが、先日、逆転無罪判決が出て話題になった足利《あしかが》事件からもわかるとおり、ほんの十数年前までのDNA鑑定は、実はまったく信頼できるものではなかった。

最近の鑑定技術そのものは信用に足るものだが、ここでまた別の問題が浮かび上がってくる。DNAという言葉を用いられると、私たちは無条件でその結果を受け入れてしまう。つまり、「そのDNAを誰が持ち込んだのか」「誰かが操作していないのか」という疑問についてまったく鈍感になるのである。これは非常に危険なことだ。警察がどこでそれを手に入れたかわからないまま、「これが現場にありました。DNAが一致しています」などと言われれば、簡単に信じてしまう。これでは冤罪《えんざい》の横行を許すばかりだ。

私たちは、単にDNAという言葉のみによって、DNAの指し示すすべての内容まで信用してはいけないのだ。その周辺の事情、すなわち、どういう状況でDNAが持ち込まれて、どういう状況で使われたかということまで見抜いていく必要がある。

プラシーボや統計を使った高等戦術

さらに、第二種ニセ科学には高等技術も使われる。その常套手段の一つが「プラシーボ効果」の利用だろう。これは偽薬（ニセぐすり）を用いても、なぜか効き目が表れてしまう現象のことだ。

プラシーボ効果というのは実に不思議な現象で、その原因や効果が定量的に実証されていないにもかかわらず、現実に存在することが認められている。例えば乗り物酔いを起こしやすい人に、本当はただの小麦粉を与えているにもかかわらず、「これは酔い止めの良い薬だ」と言って飲ませると、実際に効いてしまう。うそだとわかると途端に効かなくなってしまうのだが、効くと信じて飲むと、実際に効くように作用してしまうのだ。そのため、新しく開発された試薬の効き目をチェックする際には、本物の試薬と偽物の試薬の二種類を、全く同じ色や形状で用意し、実験者にも被験者にもどちらが本物か知らせない状態で効き目を調べる方法が採用されている。プラシーボ効果のせいで偽物であっても効き目が出てしまうため、本物の効き目との差まで明らかにして検証しないと本当の効能が確かめられないからだ。これとは逆に、プラシーボ効果を悪用すればどんなものでも薬として通用してしまう。摂取する本人がその気になって摂取することで思わぬ効能が出てしまうため、ますます信じ込まされてしまうのだ。実際、効果が出ているうちはそんなに悪いことではないかもしれないが、プラシーボ効果は一過性で、持続しない傾向にあるため、結局は偽物のために損害を被ることになる。

また、このプラシーボ効果との複合技としてよく用いられるのが、「権威者による裏づけ」である。数年前、テレビの特集で「納豆がダイエットに効く」という話題が持ち上がり、スーパーやコンビニの店頭で納豆がすぐに売り切れてしまったことがあった。その次には、バナナで同じ現象が起こった。これには僕も驚いたけれど、それだけ注意しておかなくてはならない問題でもある。このカラクリは要するに、「科学的に見せる」ということ。例えば、そのテレビ番組のダイエットの体験者が納豆以外のものを食べていても、そんなことは一切明らかにしない。単に「納豆を毎日これだけ食べていたら体重が減りました」とだけ伝える。つまり、納豆を食べていただけで痩せた、というように見せかけるわけだ。次に権威者が保証する。権威者というのは大学教授や医学博士などの肩書きのついた人間で、「(いくらかの)効果はあるでしょう」などとあいまいな説明をする。もちろん、宣伝する側はこの発言の都合のいい部分を誇張して、「専門家のお墨付きがある」と掲げながら、その効能を過大に語るわけだ。こうした一連の流れを利用すれば、何の変哲もない普通の食品やサプリメントであっても、科学の専門用語を使い、権威者が太鼓判を押すと、「特別に良く効く」とすっかり信じ込まされてしまう。

しかもプラシーボ効果と同じで、信じ込むと実際に効果が表れてしまう場合があるのだから厄介な問題だ。

同様に、統計やデータの悪用にも気をつけなくてはいけない。偏差値というのはまさに統計上の悪習だ。要するに偏差値とは、平均からのズレを数値化したもので、相対的な順番だけをつけるために考え出されたもので、絶対的な学力を計るのには向いていない。たとえば、非常にやさしいテストで、みんなが良い点を取った場合と、非常に難しいテストで、みんなが悪い点を取った場合は、同じ偏差値であっても意味は大きく異なるはずだ。そんなものが絶対的な拠り所であるかのように大学選びにまで使われているのはナンセンスだろう。もっと身近な例を挙げれば、数字のマジックという問題もある。たとえば、一〇〇ミリリットルという表記。これは同時に、一〇〇シーシー、〇・一リットル、一デシリットルという単位でも表せる。呼び方だけのことなのに、その量に対する印象はまったく異なって聞こえるのではないだろうか。この数字のマジックを使って受け取る印象を変えていることは、もはや言うまでもないことだろう。

こうして眺めてみると、第二種ニセ科学はデータと裏付けを悪用したものだともいえる。つまり、「相関関係」と「因果関係」の混同がポイントになっているのだ。

人間というものは、二つの事象が相次いで起こることを相関があると言い、それを因果関係と考えたくなってしまう。ニセ科学の担い手たちはこの部分につけ込んでいるのだ。ということは、「相関関係にあっても本当の因果関係かどうか」という部分に着目しておけば、簡単に騙されることも少なくなるはずだ。前述のグルコサミンの問題もDNAの問題も同様である。見せかけのデータに騙され、簡単に事象同士をつなぎ合わせないこと。それが一つの予防線である。

第三種ニセ科学——シロクロが明確につかない問題

第三種に属するニセ科学というのが、実はちょっと難しい。これは、本来シロクロが明確につけられず、一〇〇%これがはっきりした答えであるというものが存在しない問題を指す。これを僕は「複雑系」と呼んでいる。

例えば、気候や気象、地球環境の問題について考えてみよう。これらはいろいろな要素や系が複雑に混じり合っていて、簡単に答えが出せない問題である。ところがこういった問題に対して、簡単に「シロだ」「クロだ」と決めつけてしまって、わかった気になるということがたくさん起きている。わかった気になった後は、何もしない。思考停止に陥ってしまうのだ。これが第三種ニセ科学の弊害。もちろん、その問題の研究方法そのものは科学である。しかし、思考停止になって最も大切な「研究」と「実証」をやめてしまっては、もはや科学とは呼べないのだ。

君たちも地球温暖化についてはよく知っていると思う。CO_2、すなわち二酸化炭素が増えたせいで、地球上の温度が上昇しているといわれている問題だ。実は、この「CO_2原因説」は、九〇%までは正しいと認められているのだが、あとの一〇%の部分はまだ懐疑的にみられているということを知っていただろうか。要するに、九〇%までは説明できても、一〇%はまだ説明できない要素があるのだ。ところが、その一〇%に目をつぶり、一方的に判定を下してしまっている人も多い。その説明できない要素のほうに、もっと重要な問題が潜んでいる可能性があるにもかかわらず、だ。

逆に、その一〇%の懐疑に目を付けて、CO_2が地球温暖化の原因ではないと主張する人もいる。これがエスカレートすると、「根拠がないのだから手を打つ必要がない」

という口実から、「CO_2削減はナンセンスだ」という居直り論法に発展する場合もある。実際、フロンの製造・販売を全部禁止するための条約であったモントリオール議定書の調印において、日本国政府は「科学的根拠なし」という理由で拒否をしたことがあった。これは僕の感覚からすれば甚だおかしいと思わざるをえない。明確に証明できないのを理由にして、何もしない口実に使うということは、まさしくニセ科学ではないか。

現代の科学では明確に答えられない問題はたくさんある。しかし、「答えられない」という現実から目を背け、ある単純な結論を一方的に受け入れてしまうことは、その時点で思考停止に陥ることを意味する。この思考停止が、科学の世界では一番怖いのだ。

「科学知の不確実性」とは?

実際、この世の中には現代科学では解明しきれない部分のほうが多いかもしれない。だからこそ、常に疑い続けなければならないのであり、それこそがまさしく「科学」するということである。安易に結論に飛びつくことは、それがどんなに科学的な内容だったとしても、「ニセ科学」に転落する可能性を秘めているのだ。

では、実際に科学の知識で対処できない問題にはどう立ち向かえばいいか。別の論理を持ち込めばいいのである。すなわち、科学知に限界があることを正確に認識したうえで、科学を軽々しく適用せず、さまざまな角度から慎重に吟味していけばいい。僕がお勧めしたいのは「利益よりも安全を優先する」ということ。それに、「予防のため疑わしきは罰する」。つまりは予防措置の原則だ。それに加えて、短期の利益と長期の損失のバランス、欲望の抑制、などなど。そういう、安全に重きを置いた観点が、偏った姿勢やニセ科学に陥ることから遠ざけてくれる。

温暖化の問題に戻って考えてみよう。温暖化の原因がたとえ断定できないとしても、その一方で、「化石燃料を使いすぎている」という社会構造が現実に存在することをまずは認識する必要がある。化石燃料を使用すれば、必ずCO_2が発生する。CO_2に温室効果があるのは明らかにされている。ならば、「疑わしきは罰する」のだ。一〇〇%明確な原因であろうとなかろうと、先を見据えて予防線は張っておかなければならない。ただし、原因の追究そのものは当然のことながら続けていくこと。あくまで疑い続けることが大切である。

ニセ科学が蔓延する理由

なぜニセ科学がこんなにも世の中に広がっているのか。

その一つとして、科学に対する極端な態度がある。すなわち、科学を信仰するか、科学を否定するか。科学の力を信じるあまり、道理もわからず丸ごと飲み込んでしまう場合と、科学への不信や不満が高じて、道理から目を背けてしまう場合。この両者は、まったく正反対のように見えて、実は非常によく似ている。どちらも批判の目を欠くことによって、科学的思考から遠ざかってしまうのだ。

それから、二つ目が観客民主主義というもの。小泉内閣が発足した当時、「劇場型政治」という言葉が流行《はや》ったが、ニセ科学の蔓延はまさしくそれに当たる。現代人は他人に「お任せ」してしまう発想が非常に強い。例えば、「テレビで放送されていたから○○は効き目がある」「専門家も同じことを言っていたから安心」という発想はその典型だ。しかし、他人任せで自分の考えを放棄してしまったら、それがどんな内容でも科学ではなくなる。常に自分で考える姿勢が不可欠。

三つ目は、科学リテラシーの欠如。すなわち科学の知識や規範が欠けている。これは同時に、懐疑精神が欠如しているという意味でもある。何度も述べているように、科学者ほど疑ぐり深い人間はいないのである。科学者ほど自分の科学について疑い続けている人間はいない。なぜならば、疑い続けていくことが科学にとって最も大事だからである。

四つ目に、時間が加速していることが挙げられる。現代人はどんどん忙しくなっているが、その結果、早く結論を出したがる傾向を持ってしまった。例えばある事件で容疑者が捕まったとき、その容疑の真偽にかかわらず、早く犯人だと断定してほしいという気持ちがどうしても生じる。そうすることによって安心したいのだ。つまり、一刻も早く結論を得ようとして、簡単に安易な結論に飛びついてしまうのである。時間が加速されているとはそういうことだ。これは非常にまずいことだ。私たちは時間をもっと無駄に使うことが必要ではないかと思う。君たち若い世代には、まだまだ時間がたくさんあるはずだ。性急すぎる判断で取り返しのつかないことを招く前に、ちょっと立ち止まって考えてみてほしい。

そして最後に、欲望の爆発。人間は利益や便利さ、豊かさというものをとめどもなく求めてしまう。実は、こういう欲望を爆発させているのは、高度成長期に生きてきた僕たちみたいな中年世代なのだ。君たち若い世代のほうが、例えば環境に対する配慮ということを早い段階から考え始めている。だから、この部分に関しては特に君たちに期待している。過剰な欲望に惑わされることなく、この社会を科学的なまなざしで見つめてほしい。

ニセ科学への処方箋

おそらくニセ科学は今後も廃れない。それは、ここまで述べてきたように、人間の欲望や心のゆらぎに密接に絡みついているからである。しかし、その処方箋ならいくつか提案することができる。

中でも最も大切なのは、「なぜ？」という、懐疑の精神をしっかり教育することだ。現代の学校教育においては、合理的な内容は教えているけれど、不合理についてはまったく教えない。これは非常に危険なことである。本来なら、不合理なものをあえて見せて、「なぜこれは不合理なのか」ということを考える力を身に付ける必要があるのだ。合理的なものばかり教えていると、正しいことにしか対応できない人間に育ってしまう。つまり、不合理も教えておかないと、ニセ科学に出会ったときに対処の仕方がわからなくなってしまうのである。そういう意味では、不合理への免疫を今のうちにつけておくことが肝要だ。

それから、先ほど述べた予防措置原則。特に第三種ニセ科学のように、確実な答えが得られていないような問題に関しては、何よりも安全を最優先させる。そういう考え方の軸を持って、性急に事を運ばないということが大事である。

最後に、科学者の見分け方というのを教えておきたい。科学者にもいろいろなタイプがある。○○博士などの肩書きを持った人もたくさんいる。その肩書きの部分を信用するのはナンセンスだというのは言うまでもない。信用すべきは、「科学はここまでしかわかっていない」というふうに、限界をきちんと述べる人。それから、プラスにはマイナスが、コインに裏表があるように、必ずいい点があれば、悪い点がある。どんなにいい薬でも副作用というものが存在するのである。その効能と同様、弊害をきちんと告げる科学者なら信用することだ。

科学を含め、この世のあらゆる事柄には、良い点、悪い点が同時に存在する。その点をきちんと理解したうえで、どちらを選ぶか自分の頭で考える。そういう訓練を身につけておけば、ニセ科学にはまらないはずだ。

◎若い人たちへの読書案内

中谷《なかたに》宇《う》吉郎《きちろう》『科学の方法』（岩波新書、一九五八年）

寺田《てらだ》寅彦《とらひこ》『科学と科学者のはなし』（岩波少年文庫、二〇〇〇年）

中谷宇吉郎『雪は天からの手紙』（岩波少年文庫、二〇〇二年）

湯《ゆ》川《かわ》秀樹《ひでき》『宇宙と人間　七つのなぞ』（河出文庫、二〇一四年）

池内了『娘と話す　科学ってなに？』（現代企画室、二〇〇五年）

いずれも、科学するとはどういうことなのかについて書かれています。科学者がどのように研究しているかもわかるでしょう。多くが偉い先生ばかりの本なので、私の本もあげておきました。

アメリカ・インディアンは
何を考えてきたか?

管啓次郎

すが・けいじろう

一九五八年生まれ。明治大学大学院理工学研究科新領域創造専攻ディジタルコンテンツ系教授。「コンテンツ批評」と「デザイン人類学」の二分野で研究を進めている。主な著書に『コロンブスの犬』『狼が連れだって走る月』（以上、河出文庫）『本は読めないものだから心配するな』（左右社）『斜線の旅』（インスクリプト、読売文学賞）など。

二〇世紀に起きた人類最大の事件とは

　ぼくは大学院で二〇〇八年に作った、新領域創造専攻ディジタルコンテンツ系という領域を担当しています。ディジタルコンテンツとは、一言でいうとコンピュータを使ってつくられるコンテンツ全般を指しています。音楽もあれば映像もあるし文章も含んでいる。コンピュータをメディアとして流通されるコンテンツすべてのことです。制作にかかわる作り手だけでなく、流通を担当する人やそれを享受する受け手まで、いろんなかたちで携わっていく学生たちを育てたいと思っています。

　実際に指導している学生たちは、グラフィックデザインやＷｅｂデザインなどのデザイナー、そして映像作家、写真家、映画批評家など、さまざまな分野での活動を志望しています。彼らは大学院生ですが、それ以外に大学一～二年生を対象とした少人数ゼミナールも毎年二つ担当しています。今年はそのゼミの一つでは、ジル・ドゥルーズとフエリックス・ガタリという二〇世紀後半にとても重要な役割を果したフランスの思想家二人について考えました。もう一つは、一九世紀のアメリカで二年間一人で森に暮らして『ウォールデン　森の生活』というすばらしい本を著したヘンリー・デイヴィッド・ソローという特異な思想家を取り上げました。

というように、ぼくが日頃やっていることは多岐にわたるので、みんなには少しわかりにくいかもしれないね。でも今日の話を聞いてもらえば、それがいったいどうつながっていくのか、何を問題だと考えているのかが、わかってもらえると思います。

二〇一一年五月に小池桂一という漫画家との共著として出版した『野生哲学 アメリカ・インディアンに学ぶ』という本をベースに話を進めましょう。かつて最年少の一六歳で手塚賞を受賞した小池君は、若い頃からの親しい友人です。寡作なので日本での知名度はそれほどではないかもしれませんが、海外では大変に高く評価されています。彼の作品はぜひ一度読んでみてください。

それでは本題に入りましょう。まず、ぼくがどうしてインディアンをはじめとする先住民と呼ばれる人々に興味を持ったのか、そのきっかけから話します。

二〇世紀に起きた人類にとって最大の事件は何かと聞かれて、みんなはどう答えますか？　二度にわたる世界大戦がありましたね。日本の広島と長崎に投下された原子力爆弾は、それ以前と以後では人類の歴史が分断されるような大きな事件でした。また、一九二九年に起きた世界恐慌を挙げる人もいるかもしれません。

でも、ぼくは「狩猟採集というライフスタイルが地球上からなくなってしまったこと」こそ、人類最大の事件だと考えています。

われわれは「商品社会」に生きている

われわれが当然のものだと信じ込んでいる今の政治や経済で成り立つ世界システム、あるいはグローバル都市化社会と呼んでもいいけれど、以前はこれとは関係なくそれぞれの独自のスタイルで暮らす人々が地球上のどこかに必ずいました。しかし、彼らはもういません。そういうグループはなくなってしまったのです。旧石器時代から人類が営んできた生活が、今まさに失われようとしています。

現代人の動物や植物に対する知識は大変に乏しいものですが、本来人間がその土地で暮らしていくためには、その土地にいる動物や植物のことを知り尽くしていなければなりませんでした。動物や植物のおかげで人間は生きてきたのですから。

しかし、狩猟採集のライフスタイルを全面的に失ったわれわれに残されたのは「商品社会」でしか生きてゆけないという状況です。すべてのものを商品として買って、食べて、飲んで、身につけて暮らしている。これはいったいなんなのか。

とても大きな問題だと思うのは、商品になってしまうと、はたしてそれがどこからきたものかまったくわからなくなるということです。ファストフードと呼ばれる食べ物の材料はどこからきているか考えたことがありますか？　実はこれを辿《たど》りはじめると「気持ち悪くてとても食べられない」という話になります。自分たちが食べているもの、飲んでいるものは、どこで生まれどのような経路で届くのか、一度調べてみるといいでしょうね。さらに、その陰では何が起きていて、誰が飢えているのか。そういった構造、世界の成り立ちといってもいいけれど、その全体のシステムを検討しはじめると、先進国の一部の人間たちの利益の追求のために他の多くの人たちが犠牲になっているという現実が、だんだんわかってくるはずです。人も、動物も、植物も、土地のすべてが深く傷ついてゆきます。

これは将来どういう分野に進むのか、どういった仕事に就くのかとは関係なく、みんなが「自分の生活の問題」として知らなければならないことだと思います。

「七世代後を考える」という掟

一〇年ほど前から明治大学に勤めはじめ、生田キャンパス（神奈川県川崎市多摩区）に通うようになったぼくは、「この丘陵地帯は、一〇〇年前はどういう場所だったんだろう、どんな姿をしていたんだろう？」とよく想像するようになりました。きっと森がもっと濃くて、人は少なく、野生動物がたくさんいたんだろうなと思いました。

人間は、自分が生きている世界は「私が生まれた頃にはじまった」とつい思いがちです。もちろんおじいちゃんやおばあちゃん、父さん、母さんに昔の話を聞く機会はあったとしても「ああ、そうなんだ、へー」くらいにしか思わないし、あまり真剣に想像しないでしょう。けれども、それでは人間世界の秘密を垣間《かいま》見ることはできません。

一〇〇年、一〇〇〇年、一万年……せめてそれくらいのスパンで何重にも過去をとらえないと、解決できないこと、選択を誤ってしまうことがすごくたくさんあると思います。先ほど紹介した『野生哲学 アメリカ・インディアンに学ぶ』という本は、ぼくが二〇年以上かけて書いたものですけれど、最も多くの人たちが敏感な反応を示した部分が「七世代の掟《おきて》」という項目でした。

「七世代の掟」とは、アメリカの東海岸、今のニューヨーク州付近に住んでいたイロクォイ族というインディアンの人々の掟のことです。イロクォイ族は、会議を開くたびに「何事を取り決めるにしても、われわれの決定が以後の七世代に及ぼす影響をよく考えなくてはならない」と自分たちの義務を誓い合ったというのです。これは今のわれわれの時間感覚にとって、衝撃的ともいえる視点です。

たとえば、原子力発電所という問題を考えてみるとわかりやすいでしょう。二〇一一年三月一一日以降、われわれは原発に対して大きな不安を感じていますが、一九六〇年代に原発をつくった人たちとそれを受けつぐ人たちは「想定外」のひと言で、福島第一原発の事故を片づけようとしました。しかし、これは想定外ではなく、たんに想像力が不足していただけでしょう。一九六〇年代の日本は地震の静穏期だったので、その当時の状況だけでとらえていた。もしも一〇〇〇年の単位で物事を考えていれば、一〇〇〇年前には今回と同規模の地震が起きているのだから、いつでもまた発生することを想定できたはずですね。

一つの世代が二〇〜二五年とすると、七世代とはだいたい一〇〇〜二〇〇年になるでしょうか。そのくらいのスパンで考えるならば、日本列島が元の地殻変動レベルに戻ったとき、人々にとても大きな危険を強いることになることは、当然想定できるはず。「想定外」だなんて、とても浅はかな考えでした。

しかし、もともとその土地に根ざして、動物・植物とよく付き合いながら暮らしてきたイロクォイ族の人たちは、自分たちの社会の決まりごととして「七世代の掟」を考え、それを守っていた。これはひじょうに重要なことではないかと思います。そして本当は世界中で、われわれはみんな、かつてはアメリカ・インディアンとおなじく「土地の人々」native peopleだったのです。

「土地の人々」と三つの「所属」

現在の地球上のすべての人類は、ホモ・サピエンス・サピエンスという種に属しています。人類はそもそもアフリカ大陸の東で誕生し、ヨーロッパ大陸を経てユーラシア大陸を旅行しながら拡散していきました。氷河期にはシベリアとアラスカの間がベーリンジアと呼ばれる細長い陸地になった。人類はここを通って北アメリカ大陸に入っていき、瞬く間に南アメリカ大陸の南端まで到達しました。こうして人類は地球と出会ったわけです。

なぜこんなことを説明するかというと、みんなには人間の歴史、つまり日本人とかフランス人の歴史という「国民国家」的な尺度ではなく、ヒトという「種」の文明と地球上への拡散という視点から考える癖をつけてほしいからです。現代のように世界が一体化してモノの流通や人の行き来が盛んになると、自分の生活や行為が思ってもみなかったところに結びついてゆきます。まるでかかわりがないと考えている人たちの生活に、自分が直接的な影響を与える可能性があるということを見抜くには、人類の歴史から発想する姿勢を身につけることが必要です。

さっき「土地の人々」という言葉をつかいました。アフリカからはじまった人々の暮らしは、地球上の各地でそれぞれの条件に適応するうちに、食べ物も身体の特徴も顔つきも皮膚の色も徐々に変わっていきました。しかし、共通していたのは「自分はこの土地で生きていくのだ」という気持ちです。決意と愛着です。それがなければ、人類はどこでも生き延びることができなかったでしょう。ぼくはある土地で暮らす「土地の人々」を定義するために、三つの所属のかたちを考えてみました。

まず一つめは「物質的」所属です。人間は「物質」としてある土地に所属する。土地で採れる植物や動物の肉を食べて、水を飲む。自分の身体をつくるものは、その土地が与えてくれるものでした。

二つめは「霊的」所属です。自分のお父さんやお母さん、おじいちゃん、おばあちゃんたちがその土地で生きて、最後は死んで土に還る。その土を踏みながら暮らしていくという感覚、つながりに対する意識のことです。

三つめが、ぼくがいちばん重要だと思っている「審美的」所属です。つまり人がその土地を「美しい」と思うこと。いろんなものを与えてくれて、自分の先祖が暮らしてきた土地。でもそれだけでなく、そこで暮らすことが「このうえなく幸せ」と心から思える。その感覚を「審美的」所属と呼んでみましょう。

この三つの感覚を併せ持っている人たちのことを、ぼくは「土地の人々」と呼びます。これはおそらく、つい最近まで世界中で生きていた感覚だと思います。それが崩れてき

星の王子さまはキツネと出会い、「友だちになって」とさそいます。 サン＝テグジュペリ『星の王子さま』より

たのは産業革命後、この二〇〇年ほどのことでしょう。都市に住む人が増え、商品社会が発達し、人間はすべてを商品として購入するようになってきました。

ぼくが翻訳した『星の王子さま』という物語でも、「今は皆なんでもお店で買えるようになったから、友だちだってお店で買えるって思っている」というセリフが出てきます。でもこの感覚はまさに、一九世紀を迎えて都市が異常に発達し、肥大した後に出てきたものです。

日本では、第二次世界大戦後のほんの五〇～六〇年の間で、かつてはどこにもあったそれぞれの「土地の価値」が、異常なほどに顧みられなくなる。土地だけでなく、それと並行して、すべてのものを商品として見るようになったのです。そして人々はそれに対して少しの疑いも持たなかった。その結果、土地を平気で傷つけるようになる。過去半世紀ほどの日本列島における自然破壊は、怖しいほどです。自然の海岸線や河川をここまでずたずたにしてしまった国が、ほかにあるでしょうか。

世界中に恵みをもたらしたアメリカスの植物

「土地の人々」が生きていくためにもっとも大切なのは、動物と植物です。先ほども言いましたが、全面的に他の動物や植物のおかげで、人間は生きてくることができたのです。特に植物はとても貴重な存在です。「植物は地球上における唯一の生産者」という言葉を聞いたことがあるかもしれません。つまり、太陽エネルギーを動物たちが採り入れられるかたちに変換してくれるのは、植物だけなのです。

人間を含むすべての動物は、植物が菌類と協力して整えてくれた地球の環境のおかげで、なんとか生きながらえている。これは決して大げさな表現ではありません。人類史の大部分において、人は常に追い詰められたかたちで生き延びてきました。「食料は手に入るだろうか」「他の大型動物に襲われるのではないか」といった絶えざる不安の中で生きてきたのです。人類の進化を研究している科学者のなかには「人間は『食われること』によって進化した」という人もいます。とにかく食べることを最優先に考えてきたから、人間の動物と植物に関する知識はどんどん増えていったし、それは代々伝えられていきました。それが生きるための基本だったといっても過言ではない。

植物は今でもわれわれに非常に多くのものを与えてくれています。たとえば製薬会社。新たな薬を開発するためのアイディアは、そのほとんどが、世界のさまざまな地域で使われていた薬草や、植物から採取した成分がヒントとなっています。なかでもエスノファーマコロジー（民族薬理学）という分野が重要ですね。製薬会社はプラントハンターと呼ばれる専門の人たちを雇い、彼らが世界中から集めてきた薬草を研究して製品化につなげるということを実際に行なっています。

それだけではありません。一四九二年にコロンブスがカリブ海に到達してから、たった五〇〇年強しか経《た》っていませんが、南北アメリカ大陸を原産とする植物が世界の人々に与えた恩恵には、計り知れないものがあります。たとえばトマトや唐辛子、ジャガイモ。トマトがヨーロッパ大陸に持ち込まれたことで、ぼくたちも知っているイタリア料理が生まれました。唐辛子がヨーロッパからアフリカに伝わり、瞬く間に世界中に広がったために、韓国料理や中国の四川料理など唐辛子の効いた料理が誕生しました。そして、寒冷地でもよく育つジャガイモによって、ロシアやアイルランドといった冷害に襲われやすい地域の人々が飢饉《ききん》から救われました。これらの土地の料理は、いまでもジャガイモ主体です。

南北アメリカ大陸およびカリブ海の島々を合わせて、複数形で「アメリカス」と呼びますが、トマト、唐辛子、ジャガイモという三種類の植物を考えただけでも、アメリカスがどれほど多くのものを世界に与えたかがわかってもらえるでしょう。

動植物から学んだ通過儀礼

つづいて『野生哲学 アメリカ・インディアンに学ぶ』から、植物について印象的なエピソードを一つだけ紹介します。

植物と動物が最初に作られたとき、かれらは七晩のあいだじっと気をつけて、眠らずにいるようにといわれた。動物と植物の全員が、そうしたいと思った。もし眠らなければ、何か特別な力をもらえるということを、知っていたから。

最初の夜がすぎ、動物も植物も全員が起きていた。むずかしいことだとは思えず、動植物のある者たちは、なんて簡単なんだと自慢しはじめたほどだ。

二晩めがやってくると、ことがそう簡単だとは誰にも思えなくなってきて、ある者には眠らずにいるのが非常にむずかしくなった。次の夜になると、かれらの幾人かはもう起きていられなくなり、四晩めにはほとんどみんな眠ってしまった。

七晩めがすぎたとき、まだ起きている者はわずかだった。動物では、ただピューマとフクロウだけが寝ていなかった。それでかれらには、暗闇でも目が見えるという力が与えられたのだ。それ以来、ずっと起きつづけて注意深くしていることに失敗し、毎晩眠らなくてはならなくなった動物たちは、ピューマとフクロウの獲物とされることになったのだ。

植物の中では、ただ松とスプルースと栂《つが》とシーダーと月桂樹と柊《ひいらぎ》だけが、起きて注意深くしていた。かれらはよく誓いを守ったので、一年中緑でいられるという力を与えられ、またかれらの葉には大いなる薬（＝治癒力）が宿ることになった。しかしそれ以外のすべての植物は、冬がくるたびに葉を失わなくてはならない。この試練に耐えられなかったからだ。それだけではなく、これらの植物は春の暖かさがまたやってくるまで、眠らなくてはならなくなった。

したがって今日でも、若い男たちが丘に行って断食し、自分の薬（＝自分を守ってくれる特別な力）を求めるときには、かれらはシーダーやスプルースや松のように起きていなければならないということを、思いだすのだ。若者たちはピューマやフクロウのような油断のない視線で、暗闇をじっと見つめなくてはならない、なぜなら大いなる薬は、注意深くない者にはけっして訪れてくれないから。

『野生哲学　アメリカ・インディアンに学ぶ』一三一〜一三二頁より

これはアメリカ・インディアン、チェロキー族に伝わる神話の一つを、その英訳から翻訳したものです。動物と植物のコントラストによって、とても美しい話になっていますね。動物と植物が同じレベルで存在し、あたかも人間たちのようにコンテストに参加しています。そして、彼らの振る舞いには、それぞれの特徴がよく表れています。

まず植物には、一年を通して葉が落ちない常緑樹と、冬になると葉が落ちて枯れたようになってしまう落葉樹があります。その対立がくっきりと描かれている。

そして動物には、昼間に活動する動物と、主に夜に行動する動物がいる。昼行性と夜行性の区別がつけられています。短い話ですが、動物と植物の特徴を余すところなく伝えています。

この話にはもう一つ興味深い点があります。動物と植物のコンテストに、人間は参加していませんでした。けれど、神話の時代が終わったある段階から、若い男たちには大人となるための通過儀礼（イニシエーション）として「不眠の行」が課せられることになったのです。これは興味深いことです。人間は基本的に昼行性動物であり、また一年間のゆっくりしたサイクルに組み込まれているから、落葉樹と同じカテゴリーに属しているといえます。しかし、若い男たちはイニシエーションとして、ある一定の期間だけ山に入って「断食」と「不眠」という修行をすることが求められる。自分たちの普段のルールとは正反対のことを行なうことによって、一人前の人間になれるという考え方です。おもしろいと思いませんか？

さらにもっとも重要なことは、その修行を、動物や植物が行なっていたコンテストから人間が学んだということではないでしょうか。

それにしても、民話や神話、おとぎ話、伝説は知恵の宝庫です。これまで人間が考え、想像してきたことの九九%は、世界のどこかで必ずすでに語られていました。近代以降の人間たちが自分たちの知識として整理したもの（科学やテクノロジーなど）はわずか一%に過ぎない（もちろん大きな一%ですが）。それがどういうことなのか、ヒトの歴史をふりかえるために、みんなにも考えてほしいと思います。

バッファローとムース

次に、植物だけでなく動物も、人間にとっていかに大切な存在だったかということを見てみましょう。

北アメリカ大陸の中西部、ロッキー山脈の東側にはグレートプレーンズという大平原が広がっている。ここに住むインディアンは「平原インディアン」と呼ばれていますが、彼らは基本的にバッファロー（アメリカバイソン）と一緒に暮らしてきました。バッファローを捕えて食べる。その毛皮を服にする。その毛皮は移動式住居にも使われる。つまり、彼らにとってはバッファローが衣食住のすべてなのです。

すべてということは、自分たちの世界観を規定しているのもバッファローとの関係だということになる。「自分たちにはバッファロー女《ウーマン》という神話的なお母さんがいて、彼女に守られながら生きている」という感覚を持っていたのが平原インディアンたちでした。

同じようなことは別の土地でも見られます。

アメリカの北東部に位置するメイン州からカナダにかけて暮らしていたマリシート族とムース（ヘラジカ）の関係も同じです。マリシート族の人たちは、ムースから着物や靴をつくり、肉も食べていました。マリシート族にとってはムースがすべてでした。その結果、彼らは大切なものには必ず「ムース」という言葉を組み込むようになります。

たとえば、おじいちゃんは「ムース・ホンプス」、おばあちゃんは「ロコ・ムース」と呼びます。愛を表現する言葉は「ムーサー」です。「彼は私を好きだ」は「ムースラーン」、「彼は愛されている」は「ムースアルト」。つまり、親族関係や情愛を示すすべての言葉に、この大切な動物の名前を組み込むという、おもしろい言語体系をつくりあげてしまったのです。

ムース　CC0 Public Domain

彼らはそれほどまでにムースに依存し、「ムースのおかげで自分たちは生きている」と考えていました。われわれには想像しがたいことですが、人間の心の一つの論理を表しているといえるでしょう。

ニューメキシコ州のプエブロを訪ねて

もう少し具体的に、インディアンの村の話をしてみましょう。ぼくは三〇歳の頃、日本で（というよりも東京で）生活していることにすっかり嫌気がさして、アメリカに行こうと決意しました。そして、南西部にあるニューメキシコ大学で、大学院生として学び直すことにした。なぜニューメキシコ州を選んだかというと、ここはアメリカの中でも人口密度が低い地域であり、生活費が安いことが第一の理由でした。

実は、この地域は一九世紀半ばまではメキシコの領土でした。みなさんは知っているかどうか知りませんが、そもそもアメリカ合衆国の領土は現在の半分くらいしかなかったのです。ところが、一八四六年から一八四八年にアメリカとメキシコの間で行なわれた戦争（米墨戦争）によって、アメリカはカルフォルニアやネバダなどをメキシコから奪い、逆にメキシコは国土のおよそ三分の一を失いました。それまではアメリカよりもメキシコの方が、はるかに大きな領土を持っていたのです。

ニューメキシコ州にはその名残があって、今でもかなりの数の住民がスペイン語を使って暮らしています。アメリカの領土内でありながら、文化的には一七世紀頃の古いメキシコが残っている地域です。乾燥した高原地帯で、冬はかなり寒くなります。

もともとスペイン語を自分で勉強していたぼくは、メキシコに対して興味がありました。加えて、この地域はプエブロ・インディアンの土地でもあります。プエブロとはスペイン語で「村」のこと。リオ・グランデ川の流域に点在する村がプエブロで、そこに住んでいる土地の人々をプエブロ・インディアンと呼んでいます。

プエブロ・インディアンは、アメリカに住んでいるすべてのインディアンのなかで最も伝統的な生活を守っています。それは、ニューヨークやボストンやワシントンのある北東部がアメリカという国家の中心だったから。ニューメキシコ州のある南西部は中心から見たらはるかに遠い田舎。だから開発というかアメリカへの同化が一番遅れたのです。

ぼくはニューメキシコ大学に通いながら、あちこちのプエブロを訪ね歩きました。その体験が『野生哲学 アメリカ・インディアンに学ぶ』の基礎になっているのですが、特にAcoma（アコマ）とTaos（タオス）という二つの村に、とても強い印象を受けました。

アコマとタオス。二つの村

アコマはニューメキシコ州の中部にある人口千数百人程度の小さな村です。メサと呼

アコマ　Karla Kaulfuss

ばれるテーブル状の砂岩の上につくられています。高さは一〇〇mほどあるが、上は平らになっている。アコマに住んでいる人たちは、一〇〇〇年以上前からここで暮らしてきました。なぜそんなところに住んだかというと、外敵から身を守るためでした。村に入るには、砂岩に刻まれた狭い通路（階段）をのぼって行くしかない。つまり、アコマは自然の地形を生かした要塞だったのです。

しかし、そんな地形なので水がありません。もちろん川もない。少し離れた場所に泉があるけれど、基本的には雨水を溜める池をメサの上につくって、その水で暮らしていました。水資源に恵まれた日本人から見ると、恐いくらい乾いた土地なのですが、住んでいる人たちにとってはそこはこのうえなく美しい土地なのです。実際にメサの上に立つと六〇kmくらい先の山がすぐそこに見えるけれど、ほんとうに何もない。爽快なほど空っぽな土地です。

村のなかには教会が一つあります。一七世紀にスペイン人の指揮のもとにつくった土でできた教会です。家々もやはり土でできています。ドアはなくて、出入りは二階（天井）から。これも身を守るための術なのです。

一方のタオスはニューメキシコ州の中北部にある、アメリカの文化史にとってひじょうに重要な村です。というのも、二〇世紀初頭、ニューヨークあたりに住んでいたアーティストや作家がタオスと周辺の土地の美しさを発見したことで、芸術家の村になっていったからです。

タオス　Rou Cogswell

たとえば、二〇世紀のアメリカを代表する女性画家、ジョージア・オキーフは、一時期ここに住んでいました。イギリス出身の小説家・詩人だったデーヴィッド・ハーバート・ローレンスもタオスがとても気に入って、自分の墓を村のすぐそばにつくってもらっています。

さらに、分析心理学の理論をつくった精神科医のカール・グスタフ・ユングは、この村を最初に訪れたとき、そのすばらしい佇《たたず》まいに衝撃を受けてそれが生涯の転機となったと自伝に記しています。ユングがタオスの集合住宅の屋根に座って村の首長から「いかに白人から迫害を受けて追いつめられてきたか」という話を聞かされたとき、それまでヨーロッパ文明が世界中のいろいろな土地で行なってきた破壊や殺戮《さつりく》のイメージがユングの頭の中を駆け巡りました。そして、最新の破壊や殺戮は、今ここでアメリカの白人たちによって行なわれているインディアンへの迫害なのだと理解したといいます。

なぜ、タオスは人々を惹《ひ》きつけるのか。そこがなんといっても最高のロケーションだということがあります。標高二〇〇〇m以上の空気の澄みきった場所に、山からほとばしるような水の小川が流れてきます。小川のほとりには村があって、土だけでつくられた四階建て、五階建ての建物が並んでいます。まるで日本でいうマンションのようなこれらの建物も、出入り口は天井にあります。それらは数百年前から同じかたちで残っています。興味を持ってタオスを訪れる建築家は後を絶ちません。ぼく自身も、この土地の美しさや何ともいえない清浄感を目の当たりにして、自分が日ごろ暮らしている都市との大きな隔たりを感じました。

土地の人々から学ぶべきこと

つい最近まで地球のどこでもみんなが土地に愛着を持って「その土地で生きていく」と考えていたのに、今は多くの人が都市で暮らしていこうとしている。この都市への集中は、現在の経済システムがある限り元には戻らない。ここにいるみんなが、やがて会社に勤めて、そこでもらったお金で生きていくのが一番だと考える、そんなライフスタイルを根本から見直さない限り、この傾向は変わらないでしょう。

現在の社会が変わるための鍵を握るのは、農業、漁業、林業などの第一次産業ではないかと思います。宮城県の気仙沼で牡蠣《かき》を養殖している畠山重篤さんという人は、牡蠣がうまく育たないのは川の上流で育てられた栄養分が海にこないからだと気づいて、上流の森の植林運動を始めました。それによって大変に良質な牡蠣が育つようになりました。これは一例ですが、そういったエコロジー的意識（すべてがすべてに関係しているという意識）によって第一次産業が見直されるとき、希望が見えてくると思います。

日本は、それでも西ヨーロッパに比べると都市化が遅かった。国内移住によって土地とのつながりを失いはじめたのも比較的最近です。日本では神社のそばに鎮守の森がまだ遺されているし、新宿からわずか二時間で行ける奥多摩にはツキノワグマさえ生息している。世界的に見ても野生のクマが首都のすぐそばに棲《す》んでいるのは珍しい。そういう稀有《けう》な環境が、日本にはまだ残されています。

環境だけではない。今まさに失われようとしているけれども、日本人は自然に対する感覚や、土地の聖性に対する感覚を比較的よく残してきました。そこに可能性を見出すことができるのかもしれません。

ニューメキシコ州のある遺跡は、岩穴で暮らしていたインディアンがある日突然姿を消してしまった住居の跡です。ここを訪れたとき、ちょっと恐いような気分に襲われたのを覚えています。そこはつまり、先住民の先住民が暮らしていた場所なのです。その岩穴には今は誰《だれ》も住んでいないけれど、人間が住むことができる土地には過去に必ず誰かが住んでいた。そこからまた人がいなくなっても、ある日また別の人間たちがやってきて住みはじめる。そのサイクルは、世界中どこでも見られる。つまり、われわれは常に「後から来た者」としてそこに暮らすということです。

アメリカは移民の国です。いちばん初めにヨーロッパから移住してきた人々は、先住民であるインディアンの生活をお手本としたからこそ、冬をしのぎ、知らない土地で食料を獲得して生き延びることができました。しかし、そのお返しとしてヨーロッパ系の人々が彼らにしたことはなんだったでしょうか。

それは、インディアンに天然痘患者が使っていた病原菌の付いた毛布を渡すことだったのです。この大陸の人々には天然痘に対する抵抗力も免疫力もないから、彼らはバタバタと死んでいった。絶滅した村も数多かったようです。

でも、これは遠い昔の話ではありません。今でも世界中で起きていることです。たとえば、ブラジルのアマゾンの熱帯雨林では、巨大な水力発電ダムの建設が進んでいます。完成すれば世界第三位の規模となる「ベロモンテダム」です。ブラジル政府はGOサインを出していますが、現地パラ州の連邦裁判所は建設の一時中止を命じるなど、状況は混乱しています。ベロモンテダムをつくることで、もともとここに住んでいた土地の人々は土地を失い、強制移住を余儀なくされます。それだけではない。ともに暮らしてきた動物も植物も水の中に沈むのだから、受け継がれてきた伝統も失われてしまうでしょう。日本にもアイヌ民族の聖地とされていた場所が水に沈められた、二風谷《にぶたに》ダムという例があります。

先ほども話したけれど、ぼくらは自分たちが生まれた頃から突然世界が始まったと思いがちです。もちろんそれは無知による錯覚です。石器時代から受け継がれてきた生活様式を守り、文明（＝都市化）社会とは関係のない独自の伝統的スタイルで暮らしてきた、各地の土地の人たちとその歴史に興味を持つことが、ぼくらの思い違いを正してくれるでしょう。

この土地にはいつから人が住んでいたのか、なにをして暮らしてきたのか。そういうことを教えてくれる最高の先生が、各地の土地の人々であるとぼくは思います。そして、忘れてはならないのは、彼らもまたわれわれと同じ時代に生きる人々であり、過去の人間などではないということであり、われわれもついこのあいだまでは土地への愛と感謝の感覚をもって、それぞれの土地に生きる集団だったということです。この列島で生きてゆく以上、たとえば自然の海岸線や河川を守ることは至上の価値です。ところが現実は？　この先はみなさんの探究に、ひとまずおまかせしましょう。

◎若い人たちへの読書案内

まず、宮城県の気仙沼湾で牡蠣《かき》の養殖にとりくむ**畠山重篤**《はたけやましげあつ》さんの**『鉄は魔法つかい』**(小学館、二〇一一年)。おいしい牡蠣を育てる決め手は鉄にあることを発見した畠山さんは、その秘密を探りつつ、この海域に流れこむ川の上流に植林し、森を作る運動をはじめます。上流の山が荒れていると、ホタテも牡蠣も育たない。ゆたかな森が作り出す腐葉土から生まれるフルボ酸鉄が、川を旅し湾に達して、植物プランクトンや海藻を育てるのです。そして牡蠣はそれを食べて大きく育つ。山、川、海がいかに切り離すことのできないひとつのチームとして生命を養っているか。この真実の、現場からの視点による発見でした。本書では、いつも考えながら世界を旅する畠山さんの、おもしろいエピソードがたくさん語られます。エコロジー(生態学)とは自然界の「すべてがすべてに関係する」、その連関を見抜く研究分野であり思考態度ですが、畠山さんのような人こそ、まさにエコロジカルな知性と呼ぶにふさわしいと思います。そして地球に暮らすすべての生物の明日は、人間がいかにそんな知恵によって自分たちの活動を抑制できるかにかかっています。

ついで、歴史社会学者の**山内明美**さんが十代の読者を念頭において書いた小さな名著、**『こども東北学』**(イースト・プレス、二〇一一年)。日本の近代において「東北」という地域が置かれてきた位置、担わされてきた役割が、自分の成長過程での経験を通じて、また土地のおじいちゃんおばあちゃんから聞いたむかし語りを通じて、あざやかに浮かび上がってきます。津波と原発事故のあとで山内さんがこの本の冒頭に置いた「被災地のきみへ」という文章が胸に迫ります。「いま、きみの目の前には、先の見えない地獄が広がっている。この闇がりの荒野を、生きる風景にかえてゆけるのは、絶望に足枷《あしか》せられた大人ではない。この風景を、希望にかえてゆけるのは、きみたちしかいない。」なぜ原発と田んぼはひとつの風景の中に共存しているのか。なぜ原発は、日本列島で、いまあるそれぞれの場所に作られたのか。日本において「社会」を自分たちの都合のままに動かそうとしているのは誰なのか。二〇一一年三月一一日という悲しく辛《つら》い日付を、日本社会がこれまでの利益再優先の論理を捨てて大きく転換する希望の日付に変えるために、考えなくてはならないことのヒントは、この本にあります。

最後に、登山家＝狩猟家である**服部文祥**《はっとりぶんしょう》さんの**『サバイバル登山入門』（deco、二〇一四年）**を。強烈な本です。テント・時計・ライトをもたず、最小限の装備で山に入り、道のないところを選んで歩き、動物を狩猟し植物を採集して、自力で生き延びることを試みる。それが服部さんの提唱するサバイバル登山。鹿を狩り、魚を釣り、蛇を捕まえ、命の感触をダイレクトに体験しながら一週間でも二週間でもずっと山ですごす。服部さんがこんな極端な登山に挑むようになったのは、消費社会で暮らし自分ではなにひとつ生きてゆくための技をもたず、すべてを商品として手に入れる生き方を「ずるい」と感じたからです。獣をみずからの手で殺したこともなく、その肉だけを平気で味わう。それでは命に対する尊敬も感謝も生まれません。自分の判断で、自分の責任で、野生動物たちとおなじ視線でこの世界を見つめてみる。本書にはそのための実践的な知識が、惜しみなく明かされています。ぼくにはサバイバル登山の経験はありませんが、服部さんがめざすものはおぼろげに想像できるような気がします。これもまた、世界中の「土地の人々」が共有していた感覚を、取り戻そうとする試みでしょう。

なぜ、人を殺してはいけないのか？

萱野稔人

かやの・としひと
一九七〇年愛知県生まれ。早稲田大学文学部卒業後、フリーター生活を経て、一九九五年からフランス留学。一九九八年パリ第10大学でDEA（哲学）の学位を取得。二〇〇三年、パリ第10大学哲学科博士課程修了、哲学博士号取得。東京大学大学院総合文化研究科21世紀COE「共生のための国際哲学交流センター」研究員を経て、二〇〇七年四月から、津田塾大学学芸学部国際関係学科准教授、二〇一三年より教授。著書に『国家とはなにか』『新・現代思想講義　ナショナリズムは悪なのか』『暴力はいけないことだと誰もがいうけれど』など。

「死刑」を哲学してみる

哲学的に考えるということ。――おそらく皆さんにとっては、あまりなじみのない考え方であり、難解な内容ではないかと身構える人もたくさんいるだろう。そのうえ「死刑をめぐる考察」とくれば、さらに気が重くなってしまうかもしれない。しかし、哲学というのは本来、皆さんの気を重くさせるための学問ではなく、むしろ皆さんの抱えている問題に風穴を開けてくれるものだ。その風穴から、たくさんの可能性が見えてくるものだと僕は信じている。

たとえば、裁判員制度を例に挙げてみよう。これは皆さんが直接、裁判員になって、被告人に対していろんな判決を下すという立場になり得る制度のことだが、これに伴い、たびたび話題にのぼるのが死刑判決の問題だ。実は、死刑に反対する人は、裁判員制度から除外されるという場合がある。なぜならば、死刑になり得る裁判の場合に、審議の内容にかかわらず死刑判決を下せなくなってしまうため、罪状に対する公平な裁判が行われなくなってしまうからだ。

したがって、次のような議論が常に裁判員制度にはつきまとう。――「あなたは裁判員になったときに、死刑判決を下せますか？」。要するに、死刑について議論するということは、賛成なのか、反対なのか、という立場ばかりが一般的には重要視されるのである。

ところが哲学の見地からすると、実はそういう問題設定はあまり重要じゃない。今回、僕が皆さんに感じてほしいのは、もっとシンプルに、「賛成」「反対」という選択肢の根っこの部分。つまり、死刑という問題の構造をどこまで突きつめて考えられるかということだ。そして、そういう哲学の見地から物事を解きほぐすことの豊かさを肌で感じてほしい。

そもそも「死刑」とは何か？

二〇〇九年に政府の内閣府という機関が、死刑に関する世論調査を行っている。「死刑に対してどのように考えるか」という質問に対し、「場合によっては死刑もやむを得ない」「どんな場合でも死刑は廃止すべき」「わからない」の三つの項目から回答を選んでもらうという形式のアンケートだ。簡単に言えば、死刑に対して「賛成」「反対」「どちらでもない」の三者の割合を調べるものである。このとき、「場合によっては死刑もやむを得ない」と答えた人は約八五・六％。これに対し、「どんな場合でも死刑は廃止すべきだ」と答えた人は五・七％。その他にあたる「わからない」と答えた人は一〇％弱。ちなみにこの五年前に行われた調査でも、結果はほとんど同じような数字だった。

サンプル調査とはいえ、この結果は非常に興味深い問題を秘めている。すなわち、一〇〇人いたら五人か六人は死刑に絶対反対しているのに対し、約八五人は死刑に賛成しているということだ。この数字をどのように考えるか。といっても、僕が尋ねたいのは「なぜ賛成のほうが多いのか」「なぜ絶対に反対する人が少ないのか」ということじゃない。僕が皆さんに尋ねたいのは、ずばり「死刑とは何か」ということだ。この質問に、皆さんならどんなふうに答えるだろうか？

実は、答えそのものは簡単。「公権力による合法的な殺人」だ。公権力というのは、政府や国家に該当するもの。要するに、法に則《のっと》った殺人ということになる。

「殺し」という言葉を聞くと、ちょっと暴力的すぎるように感じてしまうかもしれない。けれど、人がそこで死ぬということには変わりがない。それは覚えておいてほしい。ただ、それが合法なのか、あるいは違法なのかという違いで、また問題の種類が大きく変わってくる。ここでは合法の場合のみについて考えてもらう。すなわち、公権力による合法的な殺人、これが死刑の本質だ。

僕はここで、それがいいことなのか悪いことなのかを問いたいわけではない。ここで注目してほしいのは、日本ではいま、約八五％の人が「殺人は必要だ」と考えている、という事実そのものだ。

これはいったいどういうことだろう？ 私たちの暮らしている社会の中では一般的に、殺人はよくない、人を殺してはいけないと言われているはずだ。ところが一方で、一〇〇人のうち八五人は、「場合によっては人を殺さないといけない」というふうに思っているということになる。もちろん、「凶悪犯罪を行った以上は死によって償うべきだ」とか、「法に則って行う場合なら許される」など、そこにはさまざまな理由や条件が存在するだろう。でも、少なくとも、その八五人は何らかの理由で「殺人が必要だ」と考えているということが、単純な事実として浮かび上がってくる。

死刑制度の存廃

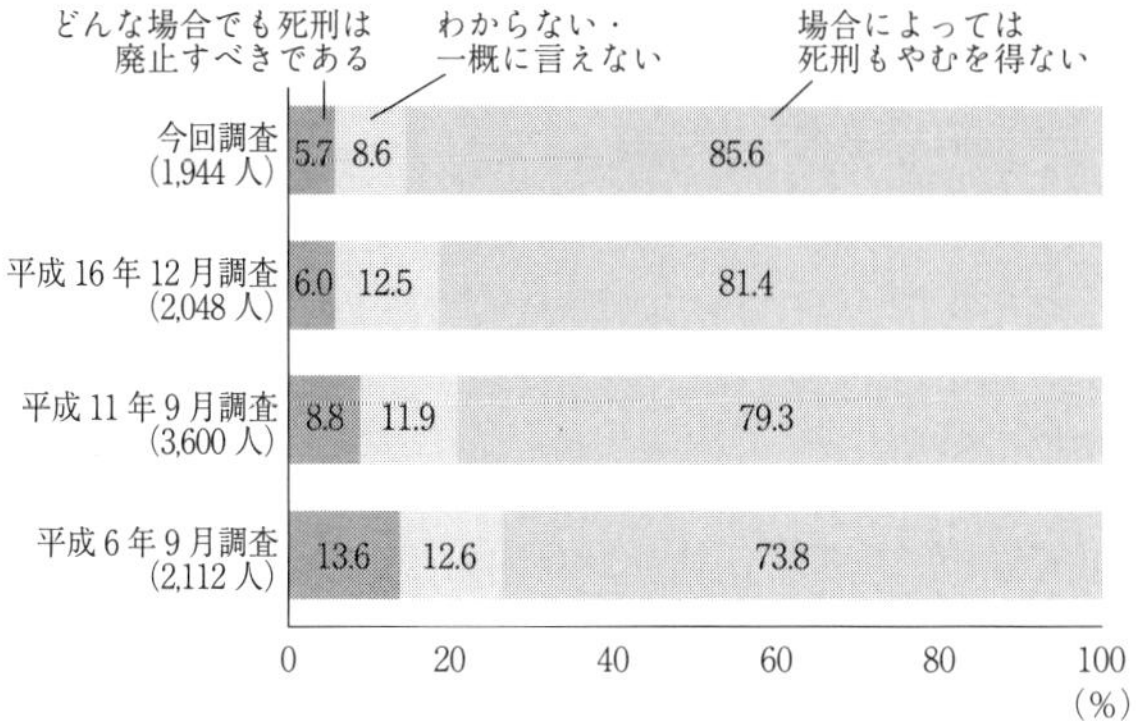

出所　内閣府平成21年度基本的法制度に関する世論調査「死刑制度に対する意識」より

「なんで人を殺しちゃいけないの？」

例えば、嘘《うそ》をつく。自転車で二人乗りをする。あるいは人を殴る。こういう行為と、「人を殺す」という行為は、私たちの中で決定的にその重さが違う。私たちは常に、「人を殺してはいけない」という考えを、最も深刻な、守るべき最高の道徳だと思っているはずだ。

ところが、アンケートの結果は、これに矛盾していることがわかる。つまり、「絶対に人を殺してはいけないのか」と質問したとき、多くの人は、「場合によっては殺人も必要だ」と答えているということだ。これはまさしく、「人を殺してはいけない」という道徳が絶対的なものでないということの象徴だろう。

では、「なぜ人を殺してはいけないのか？」「人を殺してはいけない」という道徳は、そもそもそんなに確固たるものなのか？　哲学で考えるのはまさにそういうことだ。殺人がいいのか、悪いのか、ということだけに囚われるのではなく、八五％の人が「殺人は必要だ」と考える現実を、どのように考えるべきか模索するのが哲学の本分なのである。

もし、小学生の子どもから、「どうして人を殺しちゃいけないんですか？」と聞かれたとき、皆さんは何と答えるだろうか。例えば小学生であれば、今の少年法の規定でも、たとえ殺人をしても罪には問われない。刑法に引っかからない。つまり処罰されないわけだ。ということは、法的には、人を殺しても罰せられない存在ということになる。その小学生に、「なんで人を殺しちゃいけないの？　自分だったら罰せられないけど」と言われたときに、皆さんなら何と答えるか。

試しに、理由として考えられそうな答えをいくつか挙げてみよう。まず、最もよく取りざたされる理由が「悲しむ人がいるから」。あるいは、「自分がされたくないことを他人にしてはいけないから」。要するに、君も殺されたくないんだったら人を殺しちゃダメでしょ、自分がされたくないことを他人にしちゃダメでしょ、という言い分がこれに当たる。

さらに、もうちょっとひねった言い方をするなら、「他人の未来を奪う権利は誰《だれ》にもないから」。人間というものには等しく未来がある。その未来を奪う権利は君にも僕にもないんだよ、という答えだ。あるいは、「人を殺すということは取り返しがつかないことだから」という答えも考えられるだろう。他のことだったら取り返しがつくかもしれないけど、人間は死んだらもう戻ってこないんだよ、と。もちろんほかにもいくらでも挙げることはできるが、代表的なものはこんなところだろう。

究極的な理由は存在しない！

実は、先に挙げた答えは、すべて反論できてしまう。逆に言えば、「人を殺してはいけない」という究極的な理由など存在しないということがわかるのだ。

例えば、「悲しむ人がいるから」という理由。「じゃあ、身寄りも友だちもいない、悲しむ人が周りにいないような人は殺してもいいんですか？」という反論が出てきてしまう。あるいは逆に、Aさんがを Bさんをものすごく憎んでいて、Bさんの子どもや家族を殺したとする。このように、本人が誰かを悲しませたいから殺すという行動を取っている場合、「悲しむ人がいるからダメ」という理由は成り立たない。要するに「悲しむ人がいて何で悪いの？」と言われてしまうわけだ。

さらに、「自分がされたくないことを他人にしてはいけないから」という理由。これも、「自分が殺されてもいいと思っている人は、他人を殺してもいいんですか？」という反論が出てくることにすぐに気づくだろう。実際にいろんな犯罪を眺めてみると、自分じゃ死にきれないから凶悪な罪を犯して死刑になろうと思った、という言い分を語る加害者が時々いる。ということは、「してはいけない」理由とは逆に、自分も殺されたっていいから人を殺してもいい、という肯定の論理がそこで成立してしまっていることがわかる。

では、「他人の未来を奪う権利は誰にもないから」という理由は、どういうかたちで反論されるか。実はこの回答は、質問に対する答えにすらなっていない。なぜか。この言葉の意味についてもう一度よく考えてほしい。そもそも、「人を殺す」というのは、「他人の未来を奪う」ということにほかならない。ということは、「他人の未来を奪う権利は誰にもないから」という答えは、「人を殺してはいけない」という題意をただ単に別の表現に言い換えているだけにすぎない。「人を殺すということは取り返しがつかないことだから」という答えも同様だ。取り返しがつかない、すなわち一個の存在を完全に消し去るということが、まさしく人を殺すということだ。このロジックでは、「なぜ人を殺してはいけないのか。それは人を殺してはいけないからだ」というふうにしか答えていないことになる。

つまり、「なぜ人を殺してはいけないのか」という問いに関して、仮にどんな理由を考えついたとしても、究極的な答えにはなり得ないということがわかるだろう。

言葉の決定的な弱点

答えがない。――こんなことを言うと、皆さんはきっと残念に思ったり、納得がいかないと思うかもしれない。でも、哲学における問題はそこにあるのではない。むしろ、なぜそこに究極的な理由、究極的な答えが存在しないのか、ということについて考えてみてほしい。それが哲学的に考えるということだ。

では、なぜ究極的な理由が存在しえないのか。それは言葉そのものが持つ性質にある。言葉というのは、基本的に二つのことの関係、AとBの関係を示すという点においては、ものすごく優れた性質を持っている。例えば、「雨が降った（＝A）」から「洪水があった（＝B）」、「朝寝坊した（＝A）」から「学校に遅刻した（＝B）」、これらはすべてAとBの関係、すなわち因果関係を示すものだ。したがって、この「AをしたらBになる」という関係を利用すれば、「なぜ人を殺してはいけないのか」という問いについても、例えば「人を殺したら悲しむ人がいる」という形で答えることができる。

ところが、ある理由とか、ある根拠を究極的に示すようにはできていない。「人を殺したら悲しむ人がいる」と答えることができたとしても、「なぜ悲しむ人がいたらダメなのか」という別の疑問が次々に生じてしまう。「悲しむことは辛《つら》いことだ」と説明したとしても、「なぜ辛いことがダメなのか」「辛いことが好きな人もいるんじゃないか」などという屁理屈《へりくつ》がいくらでも成り立つ。だからいつまで経《た》っても結論が出ない。

実際、この世の中には、大きなことから小さなことまで、道徳的な議論がひしめいていることに気づくだろう。こちらが正しいと思っていることでも、向こう側では自分たちが正しいと思っていて、永遠に決着がつかない言い争いを繰り返している。その原因は、ほかでもない、言葉そのものの性質にある。

したがって、「なぜ人を殺してはいけないのか」という道徳に対して、その理由を説明できないのも、ある意味仕方のないことだと言える。関係を示すという言葉の特性からは、「人を殺したら悲しむ人がいる」などという形でなら答えをつくることができる。しかし、これは単に、「AをしたらBになる」という関係を示しただけ。言葉の力では、それがいいのか悪いのかということの究極的な根拠を示すことができないのだ。

道徳には根拠がない⁉

ここからすぐに、重大な事実が浮かび上がってくる。すなわち、「人を殺してはいけない」という道徳には、究極的な理由がないということだ。なぜならば、言葉で根拠を示せない以上、明確に道徳を理由づけることができないからである。

実はこれは、すべての道徳について言えることなのだ。道徳というのは理由をつけて正当化することができない。つまり、すべての道徳が反論されうる。

あるいは、時と場合によってまったく別のものになってしまう可能性を含んでいるとも言える。だから、多くの人々は「絶対に人を殺しちゃいけない」と主張しておきながら、その一方で、「死刑はやっぱり必要だ。場合によっては人を処罰のために殺さなくてはならない」ということを同時に考えてしまう。これは、「人を殺してはいけない」という理由そのものに絶対的な根拠がないせいで、いわば状況に応じた思考を許してしまうからである。

要するに、道徳には根拠がない。あるいは、時と場合によってふにゃふにゃ変わってしまうものだとも言える。なんとも頼りない話だ。

しかしながら、この道徳の抱える根源的な問題に徹底的に立ち向かった人物がいる。それがイマヌエル・カントというドイツの哲学者だ。道徳哲学というのはカントに始まりカントに終わるといわれている。それぐらい、カントが道徳というものに対して哲学の歴史上で果たした役割は大きい。ではカントは、道徳の持つあやふやさをどのように乗り越えようとしたのか。そこでは、〈定言命法《ていげんめいほう》〉と〈仮言命法《かげんめいほう》〉という、ちょっと聞き慣れない言葉がポイントになってくる。以下、簡単に説明してみよう。

「ダメなものはダメ」――カントの定言命法①

ここでいう〈命法〉というのは命令文のこと。道徳というのは、例えば「嘘をつくな」、「約束を守れ」、「人に優しくしろ」、「人を殺すな」というように、基本的にすべて命令形で表せるものだ。カントはこの前提の上に、道徳というものの概念を〈定言〉と〈仮言〉の二つの状態から考えようとした。

〈定言命法〉というのは、「時と場合にかかわらず○○せよ」という命令を意味する。例えば、「捕まろうが、捕まるまいが、泥棒はするな」「ばれる、ばれないに関係なく、嘘をつくな」というのは定言命法。つまり、時と場合にかかわらず一つのことを命じる道徳というのが定言命法にあたる。

これに対し、〈仮言命法〉というのは、何らかの仮定の下で成り立つ命令。したがって、「捕まりたくなかったら、泥棒をするな」「みんなの信用を失いたくなかったら、嘘をつくな」というのは、すべて〈仮言命法〉に当たる。

ここでカントは、道徳というのは常に〈定言命法〉でなければいけない、〈仮言命法〉では道徳とはいえないと考えた。カントに言わせれば、「捕まりたくないから泥棒はしない」というのは道徳ではない。彼にとっては、「捕まらなくても泥棒しない」のが本当の道徳である。

このことを、先程の問題に照らし合わせて考えてみよう。例えば、「なぜ人を殺してはいけないのか」という問いに対して、「悲しむ人がいるから」と答えたとする。すると「悲しむ人がいるから、人を殺してはいけない」という文章になる。勘の鋭い人はもうここで気づいたかもしれない。つまり、「悲しむ人がいるから、人を殺してはいけない」という文は、実は〈仮言命法〉に当たるのだ。すなわち「悲しむ人がいるんだったら」という仮定の下で初めて成り立つ命令文ということになる。

どんな立派な理由をつけようが、理由をつけた瞬間に、道徳は「じゃあその理由がなければ殺してもいいんですか」という反論を許してしまう。道徳の理由を答えるということは、常に道徳を〈仮言命法〉に落とし込んでしまうことを意味する。

だから、カントに言わせれば、「悲しむ人がいようがいまいが、人を殺しちゃいけないんだ」ということになる。「人を殺してはいけない」という道徳が、時と場合にかかわらず成り立つ〈定言命法〉であり得るためには、そもそも人を殺してはいけないという道徳に関してつべこべ説明してはいけないのだ。説明をした途端に、それは常に一定の条件、一定の仮定の下でしか成り立たない〈仮言命法〉の道徳になってしまうのだということを主張したのである。

要するにカントは、あらかじめ〈仮言命法〉を排除することで、「ダメなものはダメなんだ」と主張したわけだ。言ってみれば、「なぜ人を殺してはいけないんですか？」と小学生から聞かれたときに、「悲しむ人がいるからダメでしょ」なんて答えるんじゃなくて、「そんなものはダメに決まってるからダメなんだ」というふうに答えるべきだというのがカントの立場。

ちょっと無茶苦茶に思えるかもしれないけれど、この〈定言命法〉と〈仮言命法〉という考え方、実は非常によくできている論理だといえる。つまりカントは、「何でダメなの？　何でダメなの？」と聞くような、理由につけ入って屁理屈をこねる子どもに対し、「ダメなことに理由なんてない」と答えることで、その屁理屈を封じたわけである。「人を殺してはいけない」という道徳には究極的な理由がない。だからこそ道徳とはあやふやなものなのだと先程述べた。だが、カントの場合は、理由をうまく説明できないということを、逆に道徳の強さに変えたといってもいいだろう。

道徳の在りか——カントの定言命法②

カントの道徳に関する考え方のポイントは大きく分けて二つある。

一つは、「道徳には理由は要らない」という点。理由を考えた途端に、それはある条件に道徳を従わせることになってしまう。だから理由なんか考えなくていい。理由があるから従うというのは道徳じゃない。つまり、悲しむ人がいるからとか、捕まりたくないからという理由で従うのではなく、「正しいから従う」のが道徳であるという考え方。これが一つめのポイントだ。

もう一つのポイントは、仮定や条件を否定している点。〈仮言命法〉、すなわち何らかの仮定、何らかの条件の下で成り立つ道徳というものは、道徳の範囲を狭めてしまう。

だから、道徳というのは、仮定や条件にかかわらず常に成り立たなければいけない。ばれないときは嘘をついていいということが成り立つようでは、道徳ではないわけだ。どんな場合でも嘘をついちゃいけない。時と場合にかかわらず成り立つものが道徳。だから、道徳とは普遍的なものなんだというふうに考えたわけである。

こうした〈定言命法〉としての道徳のあり方をカントはこう説明している。すなわち

『実践理性批判』
カントはどんな風に考えていたか

「あなたが取ろうと思う行動規範が常に普遍的な律法の原理となるよう行動せよ」。言葉だけ並べてみると難しく感じるかもしれないが、つまりはこういうことだ。例えば、嘘をつこうと思ったときに、あらゆる場合について「嘘をついてもいい」ということが成り立つものとして考えられるのかどうか。もし考えられない場合、その「嘘をついてもいい」という振る舞いは道徳として成り立たない。普遍的に成り立つものが道徳だと説いているのである。

要するにカントは、それが時と場合にかかわらず成り立つものとして成立するかどうか、考えてから行動しろと説いているわけであり、そのことが結局、「正しさ」の証明にもなっているのだ。

カントにおける「正しい」こととは、時と場合によらない、常に普遍的に成り立つものを指す。つまり、道徳の「正しさ」を確かめるためには、自分の行動しようとしていることが、どんな場合でも成り立つのかということを考えればいい、と説いているわけである。

このようなかたちでカントは道徳の曖昧さを否定した。すなわち、「道徳というものには理由なんてないのだから、時と場合によって使い分ければいい」という考え方に対して見事に反論してみせたのだ。これによって、ある道徳に理由がないということを、道徳の弱さではなく、むしろ道徳の強さに変えたのである。これがカントの道徳論のものすごく強いところであり、哲学史のなかでカントが近代的な道徳哲学というものをつくり上げたといわれるゆえんだ。

死刑を肯定したカントの矛盾

こうしてみると、カントのおかげでずいぶん物事がスッキリ見えてきたように感じられるのではないだろうか。しかし、ここだけで問題が終わらないのもまた哲学である。実はカントは、「死刑」を肯定しているのだ。

カントは持論の中で、〈定言命法〉の究極の姿は「人を殺してはいけない」ということだと述べている。つまり、時と場合にかかわらず成り立つ道徳の究極の姿が、「人を殺してはいけない」というものだと語っている。

ところが、同時にカントは、一七九七年に書いた『人倫の形而上学』という本のなかで、「正義の実現のために死刑は必要だ」とも説いている。これは、大問題である。もし人を殺してはいけないというのが〈定言命法〉で成り立つとすれば、死刑も否定されなければいけないはずだからだ。いつ、いかなるときでも人を殺してはいけないということは、どんな理由があろうと、それこそ凶悪犯を処罰するためであろうと、人を殺してはいけないということになる。にもかかわらずカントは、死刑は必要だと考えているのである。これは大きな矛盾である。

ただ、カントはこれに対し、あらかじめ反論を準備している。すなわち、死刑もまた正義をみたすための〈定言命法〉であるとカントは述べているのだ。

なぜ死刑が〈定言命法〉に当たるのか。カントの考えでは、犯罪には同害応報の原理というものが適用される。簡単に言えば、ハンムラビ法典に代表される「目には目を、歯には歯を」という原理と同じものだ。要するに、人を殺した以上はその人自身の死によって償うしかないということ。それこそがまさに正義であり、いかなる場合でも正しいことだとカントは主張したのであり、その正しさを実現するべく定めた刑法はまさしく〈定言命法〉なのだと結論づけているのである。

しかし当然のことながら、ここには非常に深刻な問題が存在する。つまり、同じ〈定言命法〉から、一方では人を絶対に殺すなという命法が出てきて、もう一方では死刑——すなわち、時と場合によっては人を殺さなきゃいけないという命法が出てくるのである。矛盾はどうしても残る。このカントの主張がはらむ矛盾から僕が指摘したいのは、実は〈定言命法〉など成り立たないのではないか、という根本的な懐疑だ。

カントが主張した〈定言命法〉の説明について考えてみよう。「あなたがとろうと思う行動規範が常に普遍的な律法の原理となるように行動せよ」。これは、たとえば「なぜ人を殺してはいけないのか」という問いについていえば、「人を殺す」という行動が普遍的なこととして成り立っていては困るという前提から生まれている。つまり、行うべき行動として普遍的に成り立たないのならば、それは道徳ではないということだ。

このテーゼを裏返すことによって、カントは死刑を肯定できた。具体的にいうと、人を殺したということは、その「人を殺してもいい」という行動規範が普遍的な律法の原理となることを当人が認めたということにもなる。要するに、「人を殺してはいけない」という〈定言命法〉を破るということは、まさにそれを破ることによって、逆に「人を殺してもいい」という行動が普遍的な律法として自分に跳ね返ってきてもいいと認めたことになるのだということである。つまりカントは、あなたがやったこと自体が普遍的な法となってあなたに立ち向かってくるのだ、という論理で死刑を肯定したわけだ。カントから言わせれば、死刑というのは〈定言命法〉の内部から導き出されるのである。

しかし、これは、「自分がされたくないことを他人にしてはならない」という原則のたんなる裏返しではないだろうか。つまり、カントのいう〈定言命法〉の説明は、「ほかの誰がやってもいいと思うようなことをあなたはするべきだ」と述べているにすぎない。いってみれば、〈定言命法〉のテーゼというのは結局、「自分がされたくないことを他人にしてはいけない」という理由づけの巧妙な言い換えにすぎないのだ。

「自分がされたくないことを他人にしてはいけない」――この道徳は、〈仮言命法〉に属していたはずである。すなわちカントは、〈定言命法〉を裏返すことによって死刑の必要性を導き出すことで、逆に〈定言命法〉そのものを〈仮言命法〉にすり替えることを認めてしまったのだ。カントは〈定言命法〉の考えをつきつめることで、実は〈定言命法〉は〈仮言命法〉としてしか成り立たないということを示してしまったのである。

本当に考えるべきこととは？

哲学史の中でカントは、〈定言命法〉という概念を導き出すことによって道徳を完成させたと言われている。だが実は、そこに落とし穴があったのではないか。

結局、ある行動を普遍的なものにするということは、それを万人がすべきだという論理で考えるということにつながる。要するに、万人にされたくないことは自分もしてはいけないんだという、それこそ〈仮言命法〉の論理がどうしても介入してしまう。――ここに、道徳を普遍的なものにするということの難しさ、さらに言えばその不可能性が存在しているのである。

時と場合にかかわらず成り立つ道徳というのは、おそらく存在しない。むしろ、カントの道徳論が示しているのは、「完璧な道徳など存在しない」という結論なのではないだろうか。だからこそ、私たちはカントがいなくなって二〇〇年以上経った今も、死刑ということを考えるに当たって同じ矛盾を抱えてしまうのだろう。

では、私たちにとって、道徳とは何なのか。これまで述べてきたように、もし道徳には究極的な理由がなく、道徳が究極的に普遍的なものとしては成り立たないとするなら、皆さんは道徳を捨てるのだろうか。おそらく、この答えはノーである。

ここにまさしく哲学のポイントがある。この問題で重要なのは、道徳を普遍的なもの、完璧なものにできなかったからといって、私たちが道徳を捨てるわけじゃないということのほうだ。本当に考えるべきは、道徳を普遍的なものにできるかできないかということではなく、普遍的かどうかはわからないにもかかわらず私たちは常に道徳的に行動してしまうという現象のほうなのである。

最初の問いに戻ってみよう。例えば、「なぜ人を殺してはいけないのか」という質問に私たちが答えられなかったとしても、その質問をしてきた子どもが人を殺すようになるわけではない。つまり、理由があろうとなかろうと、私たちは道徳に従ってしまうということである。道徳に従ってしまう、つまり、私たちが道徳を手放せないという事実のほうが、道徳の理由が成り立つかという問題よりも実は大事なことなのだ。

物事を哲学的に考えるということは、道徳的な問題の是非を突きつめるということではない。哲学の立場というのは、その道理や道徳が、いったいどこから生まれてきて、どんな姿で私たちのなかに存在するのかということを模索することにほかならない。

哲学の見地から世の中を解き明かす

さらにもう一つ、カントが見落としていたことがある。それは、「死刑は正しいから必要なんだ」という論理の不完全さだ。すなわち、「死刑はただ正しい」という理由だけで認められているのではないということだ。

現在、日本では死刑制度が採用されている。もし皆さんが死刑制度に賛成しているとして、その理由を問われた場合、例えば「凶悪犯罪は死によって償うほかないから」とか、「犯罪によって遺された遺族の気持ちが収まらないから」など、さまざまなかたちで「正しい」と思われる理由が提示されるだろう。ところが実際に、死刑というのは、そういう理由の下で合法的なものとして存在しているのかと言えば、必ずしもそうではない。

これはどういうことか。もし単純に、死によって罰することが正しいという理由で死刑が認められているのだとしたら、誰が死刑を執行してもいいということになってしまう。それが正しい理由なら、みんなでリンチして死刑にしても、あるいは遺族が自分の無念さを晴らすために復讐《ふくしゅう》してもいいということになる。でも実際には、例えば遺族の人が勝手に犯人を捕まえてきて、自らの手で死刑にしたらどうなるか。当然のことながら、その遺族は逮捕され、逆に裁かれる身となってしまう。つまり、正しいという理由だけで考えるならば、誰がそれを執行してもよいはずなのに、実際にはそういうふうには認められていない。ということは、死刑そのものが「正しいかどうか」ということが問題になっているのでなく、「誰がそれを行うのか」ということにこそ、問題の在りかがあるのだということがわかるだろう。

したがって、正しいか否かという道徳の問題よりもむしろ、執行する主体が誰なのかという、権利の問題として死刑を考える視点がどうしても必要になってくる。カントが見落としていたのは、まさしくこの部分であり、道徳の問題だけで死刑を論じられると思ってしまったところにカントの弱点はある。つまり死刑の問題というのは、道徳以上に政治の問題に深くかかわっているのだ。

要するに、誰がそれをできて、誰がそれをできないのか。この問題に区別をつけるのは、実は政治の世界の話なのである。つまり、すべての行動は道徳的な善し悪しのみによって判断されるのではなく、さまざまな別の制約が設けられているということだ。だから、道徳的に正しいか否かということだけを考えていると、どうしても社会というものが考えられなくなってくる。制度や権利といった問題にも視点を合わせなければ、死刑の問題を解き明かすことはできないのである。

死刑は制度や権利といったさまざまな制約がある中で存在している。同時に、「死刑」という観点から考えることによって、「国家」というものもまた、それまで皆さんが抱いてきたであろうイメージとは異なった側面を浮かび上がらせるのだ。

死刑を行う、すなわち合法的に人を殺すことができるのは国家だけである。また、合法的に戦争を行うことができるのも国家だけである。要するに、合法的な、それをしても罰せられない暴力というものを行使できるのは国家だけなのである。これを言い換えるなら、国家というものは、社会の中で合法的な暴力を独占しているものだと答えることもできる。皆さんにとってはちょっと過激に聞こえるかもしれないが、それが国家の持つ一つの側面であることに変わりはない。

だいぶ話が大きくなってしまったが、つまり僕が言いたいのはこういうことである。哲学的な思考というのは、「死刑に賛成か、反対か」という、道徳的な是非を問うだけのものではない。「死刑とは何か」と改めて問うことで、道徳だけでなく、言葉そのものが持つ性質から制度や社会、国家の在り方までも多面的に浮かび上がらせるのである。だからこそ、答えが一つに定まらない。そのぶん、膠着《こうちゃく》した問題にいろんな角度から風穴を開けてくれる。

今回取り上げた「死刑」の問題に関しても、哲学の見地から考えられることはまだまだたくさんある。大切なのは、一つの観点にこだわらず、たえず物事に問いを投げかけることで、思考を豊かにすること。哲学とは言葉をつかって思考を深めていくことである。その可能性を少しでも感じ取ってほしい。

◎若い人たちへの読書案内

「本をたくさん読みましょう」

小・中学校でも高校でもよく言われることだ。私の頃もそうだった。

このこと自体、なんら反対すべきことではない。本を読まなければ決して得られない感動や知識、ものの見方は確実にある。本を読めば読むほど世界は広がっていく。これは決してウソではない。

ただ、自分が中高生だった頃をふりかえって「残念だな」と思うことがある。それは、本を読みましょうということがいわれるとき、そこでは暗黙のうちに「小説などの文学を読みましょう」ということが前提とされていることだ。あるいはせいぜい、少し説教くさい評論が「読むべき本」としてそこに加えられるぐらいである。

これはとてももったいないことだと思う。

というのも、本の世界は小説や評論だけでできているわけではないからだ。そこにはノンフィクションから実用書までさまざまなものがある。小説や評論じゃないから知的ではない、ということはまったくない。それなのに、学校教育で文学や評論だけを「読むべき本」として想定することは、本を読むことの可能性を著しく狭めてしまっているのではないか。

私自身、中高生のときは「本をたくさん読みましょう」といわれて、文学を読まなくてはならないのだとずっと思い込んできた。それ以外のジャンルにも読むべき本がたくさんあると知っていれば、本を読むことの可能性はもっと広がっていたかもしれない。そんな思いからここでは三冊の本を選んでみた。

まず薦めたいのは、**田中森一**《たなかもりかず》**『反転　闇社会の守護神と呼ばれて』**（幻冬舎アウトロー文庫）である。

この著者はもともと大阪地検や東京地検の特捜部で敏腕検事として名を馳《は》せていた人だ。しかし、バブル経済の最盛期に突然、検事をやめて弁護士に転身する。敏腕検事として知られていただけあって、弁護士に転じた彼のもとには大物政治家からヤクザの親分、バブル経済で成功した怪しい実業家たちがこぞって仕事の依頼にきた。同じ法律家でも、検事として政治家や企業の不正を追及する立場と、弁護士として検察による追及から彼らを守る立場のどちらも著者は経験してきたのである。そうした社会のオモテとウラを知り尽くした著者がみずからの半生をつづったのが本書だ。これを読むと、この社会が実際にはどのように動いているのかをとても深いところで理解することができるだろう。

つぎに薦めたいのは、**ジャレド・ダイアモンド『銃・病原菌・鉄』**（上下巻・草思社文庫）である。なぜ近代以降、ヨーロッパ人はアメリカやアフリカ、アジアを席巻し、世界のなかで支配的地位につくことができたのだろうか。その理由を本書は、一万三〇〇〇年も前からの人類史を掘り起こしながら解明しようとしている。そこで描かれるのは、先史から現代までつづく人類の営みがいかに環境との相互作用によって規定され、展開されてきたのか、という実態だ。本書が提示する分析や結論のなかにはいまでも論争の対象となっているものもあるが、それを差し引いても、人類とはどのような存在であり、歴史をつうじた人類の歩みとはどのようなものかについて大きな示唆を与えてくれる本だ。

最後に、私の論考に関するものでは、**青木理**《あおきおさむ》**『絞首刑』**（**講談社文庫**）を薦めたい。

死刑の問題そのものについてはすでにたくさんの本が書かれている。その中でも本書は出色だ。この本は死刑制度に批判的な立場から書かれているが、著者はもともと通信社の記者をしていた人で、この本も元記者ならではの精緻な取材にもとづいている。その考察は、死刑制度に賛成する立場の人にとっても、考えるための多くの材料を与えてくれるはずだ（たとえば「死んだほうが楽」だと思っている犯罪者に対して、死刑はどこまで刑罰としての意味をもちうるのだろうか）。

ジェンダー研究のすすめ

上野千鶴子

うえの・ちづこ
一九四八年富山県生まれ。京都大学大学院文学研究科博士課程単位取得満期退学。一九九五年より東京大学教授。二〇一一年より認定ＮＰＯ法人ウィメンズ・アクション・ネットワーク（ＷＡＮ）理事長。専攻は、家族社会学・女性学。一九九四年『近代家族の成立と終焉』でサントリー学芸賞受賞。その他の著書に『家父長制と資本制』『ナショナリズムとジェンダー』『発情装置』『サヨナラ、学校化社会』『おひとりさまの老後』『男おひとりさま道』『ひとりの午後に』など。

女の、女による、女のための学問研究

今日は私の専門であるジェンダー研究のお話をしたいと思う。

社会学は個人と社会を対象にする学問だが、私が社会学の学生としてこの分野に入ったとき、どうもこの中に私の居場所はなさそうだと感じた。どうしてかというと、学問の世界は男性だらけで、彼らの考える女性論は男性目線の女性像だったからだ。

当時の大学の学問には「男の子、いかに生きるか」という哲学や社会科学しか存在しなかった。つまり、女性が関心のある領域、例えば、妊娠や出産、中絶、家事労働や性愛について、学問の世界ではこれまでまったく研究されてこなかったのだ。家族の中にも家族の外にも女がいるにもかかわらず、学問の世界では女は見えない存在だった。

このように学問の世界には、男性が関心を払わず、学問として価値がないと思われてきた研究主題が山のように眠っていて、まるで宝の山だった。

そこで私たちは、女性が自分自身を研究対象にした、「女の、女による、女のための学問研究」を始めた。それが女性学である。女性のそういった分野を研究テーマにした人は今までいなかったから、誰がやってもこの分野のパイオニアとして第一人者になれ

た。

女性が女性の関心のある分野を研究テーマに選ぶ。じゃあ男性はどうすればいいのか。男性学はあるのか、という問いが当然たつだろう。

答えはイエス。これまでの学問研究はすべて男の、男による、男のための学問であったと考えれば、「人間学」と名のってはいたけれど、実際の中身は「男性学」だったと考えてもよい。しかし女性学ができたあとに登場した新しい男性学はそれとは違う。それは、「女性の目にボクってどんな風に映っているの？」と自画像を初めて見た男性たちによる自己省察の学問、と言ってもよいかと思う。

実は、男って謎だらけの存在だ。例えば、東京大学にはオナニー博士がいる。オナニーばっかりしている人のことではなくて、オナニーを研究の対象として博士論文を書いた研究者のことだ。この人はアダルトビデオが大好き。そして彼の疑問はこうだった。アダルトビデオを見たら、誰でも最初はショックを受ける、二度見たらなーんだとあっけなく思う、三度見たらワンパターン。だいたい低予算でつくっているから、ものすごく安易な作品が多い。だけど、「こんなにワンパターンで安直なビデオ映像に、それでも毎回ヌケてしまうボクって誰《だれ》？」——これって男性にとっては切実な問いではないだろうか。こういう問いを学問の対象にまで高めてしまうこともできるようになった。

男は女と向き合ったときに、初めて「オレって男」と認識する。そうしたことから男性学では、男性のセクシュアリティや夫や父、息子という、私的領域の中での男性が対象になった。女性学と男性学、両方あるから「両性学」と呼ぶ人もいたが、それらをまとめて「ジェンダー研究」と呼ぶようになった。だが「ジェンダー研究」には、女性と男性を対象とした学問という以上の意味がある。

女性学と男性学の対象にならず、最後まで残ったのは公的な領域である。ここに男性は、男としてではなく、普遍的な人間として参入しているつもりになっていた。そのわかりやすい例は学問、政治、経済の領域である。今でこそ変わったが、少し前までは国会や大学にいけば真っ黒なスーツを着たオヤジばかりだった。これをメンズクラブと呼ぶ。そして、メンズクラブの最大の聖域が軍隊だった。軍隊は男性ばかりがいる組織で、女性は参入できず、入ってくるのなら女を捨てて来い、と言われてきた。

しかし、こうした領域は本当に公平・中立の領域だったのだろうかというと、そうではない。公的領域と呼ばれる世界のルールは、一見「中立」を装いながら、女性を構造的・組織的に排除するようなしくみだった。それなら、女がいない領域になぜ女がいないかを研究対象とすることもできるはず。女性学は女性を、男性学は男性を対象とした研究だが、それから発展したジェンダー研究は、ありとあらゆる分野における「ジェンダー（性別）」の作用を明らかにする研究である。これらを踏まえると、ジェンダーが関係しない領域はないと言ってよい。つまりジェンダー研究には、下半身から天下国家まで、対象にできない領域はないのだ。

ジェンダー研究の歴史はまだ四〇年くらいしかない。一九七〇年代に日本で「ウーマンリブ」という、女性の解放を求める社会運動が起こった。もちろん皆さんが生まれる前だから知らないと思うが。ウーマンリブの影響のもとに女性学が大学の外に生まれ、やがて大きく育って、大学の中に市民権を得るようになった。最初民間の研究会や大学の自主ゼミとして始まったジェンダー研究は、やがて大学の総合講座になり、さらには学科や学部になっていった。

リストラというと、会社や企業といった、産業分野のこととイメージしがちだが、実

ジェンダー研究の展開

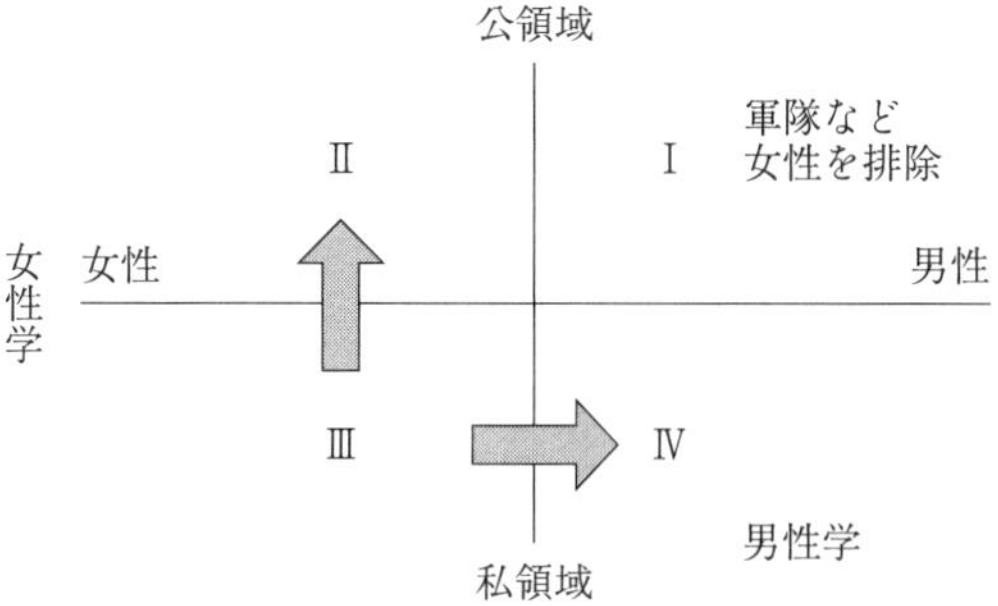

ジェンダー研究はすべての対象が領域になる

は学問業界にもリストラ、すなわち衰退部門と成長部門の交替がある。衰退する学問分野がある一方で、ジェンダー研究は今ぐんぐんとタケノコのように伸びてきた新しい学問分野である。

現在、ジェンダー研究の分野には、ユニークなテーマを扱っている人がたくさんいる。少女マンガ、やおいやBL、腐女子をテーマに博士論文を書いている人もいる。今はこういった対象がすべて研究テーマになるという、おもしろい時代がきた。四〇年前、私たちが学生だった頃にはこういう研究を大学の中でやることは考えられなかったのに。

ジェンダーとは何か

ジェンダーとは、男と女の二項を指すのではなく、性別で人間を区別する実践をいう。この教室の中で「男の子、手を挙げて」と言ったときや、「キミ、女の子だから夜道を歩いちゃだめだよ。ボクが送っていくよ」と言うたびに、人と人とを区別する見えない境界が引かれる。そこでは「ジェンダー化する」という実践が起きている。

ジェンダーの実践というのは、日々そのときその場で再生産されることによって、社会的に行われているものなのだ。

さて、男と女について、興味深いデータがあるので紹介しよう。「生まれ変わるとしたら次は男か女、どちらがいいか?」とアンケートをとったら、男の子はほとんどが男と答えたものだ。女の子は、少し前までは男と答えるほうが多かったのだが、最近減ってきた。「男に生まれてもいいことなさそうだ」ということがわかってきたのだろう。

もう一つおもしろいデータがある。親の世代に「一生に一人しか子どもを持てないとしたら、息子と娘、どちらがいいか?」と聞くと、八〇年代前半に女児と答える人が男児と答える人の数を上回った。日本だけが例外で、東アジア儒教圏、中国、韓国、台湾では、ずっと男児選好が続いている。中国と韓国は今でも圧倒的に男児選好だ。自然出生性比が男児一〇五対女児一〇〇なのに対し、中国の出生比は男児一一五に対して女児が一〇〇、このまま成人したら一〇〇人のうち一五人の男子が必ず結婚にあぶれる。一人っ子政策の中で男女の産み分けや女児の選択的中絶などが行われているだろうことは、このようなデータから想像にかたくない。

どうして日本だけが例外なのだろうか？　この変化は、日本で女性の地位が上がった指標かというと、私はそう思っていない。少子化のせいで、子ども一人当たりの子育てのコストとプレッシャーがあまりにも重くなりすぎたからだ。

子育ては金もかかり手もかかる。そのうえ男の子の子育ては絶対に失敗が許されない。でも、女の子だったら、例えば学校で成績がよくなくても「まあいいや女だから。かわいければ」という逃げ道が親にはある。そのうえ、子どもが生産財から消費財に変わる、つまり子育てにかけた投資の回収が見込めなくなった今日では、無責任に子育てを楽しめる娘のほうが親に選好されるようになった、というのが私の解釈だ。それだけでなく、超高齢社会で老後不安の高まりと共に、親の娘に対する期待が高まったせいでもある。日本人の女児選好は、あいかわらず女は「ケアする性」であるという日本社会の性差別の効果なのである。

子どもの性別が違うだけで、ジェンダーはこのように作用する。そうしたジェンダー（性別）というのは私たちにとって一体なんなのだろうか？　私たちが「セックス」という用語を使わずに「ジェンダー」という概念を使うのは、「ジェンダー」が社会的・文化的に変化するものだからだ。

例えば、生まれたときの自分の性別が不快であり、それを変えたいと思う人たちが少なからずいることは皆が知っている。体の性別と心の性別が違う、「性別違和」とか「トランスジェンダー」と呼ばれる人たちのことだ。

自分が生きるときに、性別が男か女、男でなければ女、女でなければ男、二つに一つしかないなんてあまりに不便で不自由じゃないか、どちらにも属したくない、と主張する人たちも登場してきた。

体は変えられないから、心を入れ替えたらいい、という考え方もあるが、実際は自分の心を変えるというのは本当に苦しくて死にたいくらい困難なこと。ならば、体の性別に心を合わせるよりも、心の性別に体を合わせるほうがずっとラクだということがわかっている。そのためには例えば、衣服を変えて異性装する、ホルモン投入で体つきを変える、外科的な手術で乳房をふくらませたり外性器を除去する。そういった手段によって自分の心の性別に体の性別を合わせようとする人たちが登場した。今日では、戸籍の性別の変更も法律で可能になった。ジェンダーというのは体やホルモンやDNAでは決まらないのだ。

ジェンダー研究という分野だけでなく、「セクシュアリティ研究」も生まれている。「セックス」と「ジェンダー」が違うように、「セックス」と「セクシュアリティ」も違う。

アメリカ性教育情報協議会の簡明な定義によると、「セックス」は両脚の間に、「セクシュアリティ」は両耳の間にある、という。両脚の間にあるのは性器、両耳の間にあるのは大脳だ。実はセクシュアリティとは、欲望や対象選択など脳で起きている現象の研究なのだ。ムラムラするのは、性器ではなく大脳である。セクシュアリティ研究は決して自然科学的な研究ではなく、社会科学、人文科学領域の研究なのである。

自分のニーズの主人公になる「当事者主権」

女性学、男性学、そしてジェンダー研究。いずれにも「当事者」が存在する。そして、それぞれの謎は当事者に解いてもらわなければ、わからないことが多い。

私と中西正司さんとの共著で『当事者主権』という本を出した。中西さんは学生のときに交通事故で脊椎損傷を受けて下半身まひになり、車いす生活を送っている中途障害者である。八王子の町を拠点に、障害者自立生活運動を三〇年以上にわたって続けてきた。

この「自立生活」というのがすごい。全身性まひで二四時間介助が必要、介助者がいないとごはんも食べられないし、おしっこもできない人たちが、地域に出て独り暮らしをして、自分が起きたいときに起き、食べたいものを食べ、会いたい人に会う生活を送っている。かれらは助けを得ても自己決定できる状態を「自立」と呼んだ。

私がどうしてこの本を書いたかというと、「私自身が当事者である」と知ったからだ。当事者とは、当事者能力を最も奪われてきた人たち、別の言い方をすると、「私が何者かということを他人に決められてきた人たち」のことをいう。その人たちの権利を回復するのが当事者主権の要求だった。当事者とは具体的には障害者、高齢者、子ども、それから女性などを指す。中西さんは長い間、障害者運動を実践してきていたし、私も長い間、女性運動にかかわってきた。中西さんと出会って「当事者主権」という言葉を二人でつくったとき、目からウロコが落ちた。「ああ、そうだったのか、私がやってきたのは当事者運動だったんだ」と気づいた。

当事者と呼ばれる人たちは、社会的弱者である。そして当事者主権とは、社会的弱者が自分が誰かを自分で決める権利、自己定義権の要求だった。

女の子は小さい頃から、「そんなことすると女の子らしくないよ」とか、「そんなことするとお嫁にいけないよ」「女の子はそんなことするもんじゃないよ」とずっと言われてきた。つまり、女とはいかなる存在で、いかに感じ、いかにふるまうべきかということを、自分以外の誰かに決められてきたのだ。それに対してウーマンリブやフェミニズム運動は「うるさい、自分が女だってことは自分以外の誰にも決められたくない、私が自分で決める」と主張してきた。

障害者も同じことをやってきた。「当事者主権」という概念をつくると、それぞれの運動の共通点が非常によくわかるようになった。

また、当事者とは、誰かが第三者から「あなたは××の当事者でしょ」と言われるようなものではない。「当事者である」ということと、「当事者になる」ということは違う。「当事者になる」とは、自分のニーズの主人公になるということ。なぜかと言うと、当事者主権の敵は、「あなたのことはあなた以上に私が一番よく知っている、だから任せなさい」という態度だからだ。これをパターナリズム、温情的庇護《ひご》主義という。パターナリズムはパーターー、すなわち父からきているので、父権的温情主義ともいう。だがこのパターナリズムを行使するのはオヤジばかりとは限らない。

東大の男子学生に、「こんな経験したことがあるでしょう?」と聞くと非常に共感される。中学生や高校生の頃は、「人はなぜ生きるのか」、「どうして大学に行くのか」、「僕はなぜ勉強しないといけないのか」と考えるものだ。しかし母親から「今は、そんなこと考えなくていいの。今のあなたのお仕事は勉強すること。あなたの人生にとって何が一番いいかはママが考えてあげるから」などと言われたことがないだろうか。これがパターナリズムである。

このように第三者によって自分が何者かを定義されてきた人たちが「自分のことは自分が一番よく知っている、だから私のことは私に聞いて」という新しい研究分野が生まれた。これが当事者研究であり、新しい学問のトレンドとなっている。

当事者研究の中には「障害学」もある。障害を持った人たちは、「障害者らしく」していると優しくしてもらえるけれども、権利を要求すると疎まれる、という経験をしてきている。そのときに障害を持つとはどういう経験か、障害者は障害を持たない人たちとどういう相互関係を持つのか、ということについて最もよく知っていて経験している人たちが自らその研究の担い手になる。それが障害学だ。

「患者学」というものも生まれた。患者学が対抗するのは医学。医者はパターナリズムの一番の行使者である。「あなたの体のことはあなた以上に私がよく知っている。だから任せなさい」という態度をとってきた。医者と患者とは圧倒的に非対称の関係にあるが、患者同士の経験の蓄積と共有の中から、医者にとっても無視できない知見が生まれつつある。

元不登校の子どもたちの中から「不登校学」というものも生まれた。子どもはボキャブラリーが貧困なので自分の不満や苦痛を訴えるのに、「頭が痛い」とか「お腹が痛い」と心身症状で訴えることしかできない。しかし、大人になってから言葉を獲得し、初めて問いが立てられるようになる。「あのとき学校にどうしても行きたくなかった私は一体なんだったのかしら」と。

また、統合失調症の患者の中からも当事者研究が生まれた。例えば幻聴が起きて、「お前みたいな奴は生きている値打ちがない、死ね、死ね、死ね……」と声がする。その声は本人にしか聞こえないが、それを医者に訴えると、「困りましたね、それは幻聴でしょう。じゃあそれを抑えるいいお薬がありますから出しましょう」というふうに、これまで精神科の医者は対応してきた。

しかし、当事者研究では、その幻聴について一番よくわかっているのは本人だから、どんなときにどんな幻聴が聞こえるのか、本人に語ってもらおうという試みを行った。

例えば、「死ねと聞こえる」と言うと、「その声って男の声ですか？　女の声ですか？　その声と会話できます？」というようなことを聞いて、その人の持っている妄想を共有してあげる。その妄想について一番よく知っているのは本人だから、それを聞き出しともに考えることで初めて「当事者の知」が生まれていく。

北海道浦河町に「べてるの家」という精神病の患者さんたちの生活支援施設がある。ここは精神科に入退院を繰り返している人や退院しても行き場のない人たちが自助努力でつくりだした当事者のコミュニティだ。彼らの当事者研究の中にはユニークな取り組みがある。幻覚と妄想をお互いに話し合って比べ合い、最も壮大な妄想にグランプリをあげようという「幻覚妄想大会」だ。この人たちはそれをイベントにしてしまった。

女性学もそうした当事者研究の一つであり、今から考えればパイオニアの一つだった。

学問とは他人に自分の経験を伝えていくこと

このように研究領域が広がりつつある学問とは一体何なのか？　それは、私たちのかけがえのない経験を、他人に伝わる言葉にして共有することだ。聞き手がいないと言葉にならないから、聞き手となる仲間に聞いてもらって、人にちゃんと伝わる言葉で、根拠を示して言葉にする。そこで初めて他人に伝わる「知」というものが生まれる。

学問とは、経験を伝達可能な共有の知にしていくものと考えてほしい。知の公共財と言ってもかまわないだろう。

　では学問と文学はどう違うだろうか？　文学はたった一人の言葉だ。もちろん人に伝わらないと文学ではないが、他人と同じ言葉を使ったら、その人の文学はもはや文学とは言えない。けれども、学問とは他人と共有できる言葉を使って、他人に自分の経験や発見を伝えていくものである。

　当事者研究について、「それって主観的じゃない」「それって偏ってない？」とよく言われる。当事者が自分自身を研究対象とすると、学問の世界ではただちに主観的・偏向的という非難を受ける。なぜか？

　これまでの学問には客観的・中立的であるべきという強迫観念があったからだ。根拠のない思いこみの集合のことを神話というが、「学問の客観性・中立性」神話も根拠のない思いこみにすぎない。もし当事者研究を主観的な学問とすると、それは二流の学問だと見なされてしまうが、それは本当だろうか。それでは、当事者でない人が取り組んだ研究は客観的かつ中立的な学問だと言えるだろうか。女性を対象とした研究を女性がやれば「主観的」であり、女性ではない人、つまり男性が研究すると「客観的・中立的」と言えるだろうか。逆に男の都合のいい女性論にしかならないのではないか。

そもそもジェンダーや障害という概念に対して、当事者ではない人間がいるだろうか。これまで「人間学」と呼ばれていた学問は、たまたま人間と呼ばれているけれども、その中に女性を含まないことで、男仕立ての学問、つまり男にとって都合のいい主観的で偏向的な研究をしてきただけではなかったのか。そうなれば学問には唯一の真理があるのではなく、さまざまな現実の多様性やその間の相互関係があるだけだ、ということがわかってくる。

それでは「女性学」に男性はどう参入したらいいのか。私は男性にもジェンダー研究に参入してほしいと思うが、他者としての女性を客観的・中立的に論じるのではなく、性別という関係を、男性というもう一人の当事者の視点から研究してもらいたいと願っている。女性をこんなふうに見てしまう、あるいは女性のこういうところにムラムラしちゃうボクって誰？　という問いはとても大事である。

例えば、アメリカには黒人研究という分野があるが、これを黒人がやれば「主観的」となり、「中立的」にやるには白人でなければいけないのだろうか？　白人は人種差別する当事者であるから、彼らは黒人を一体どう扱ってきたのか、白人アイデンティティにとって黒人の存在はどういう意味を持つのか？　という当事者研究ができるはずだ。こうした研究は、「白人性の研究（ホワイトネス・スタディズ）」として、すでに成立している。

オリジナリティと教養は両方あったほうがいい

学問研究においては、自分が何者か、自分自身の当事者性を問うということが問題になってくる。学問の究極の問い、究極のスタートラインは「私は誰？」「ボクって何？」という問いだ。そこから誰も立てたことのないオリジナルな問いを立てる。

その前に先行研究といって、似たような問いをすでに誰かがどこまで解いているかを調べる。それを踏まえて、まだ知られていない答えを自分の研究によって付け加えることがオリジナリティである。この、すでにわかっている問いと答えの集合は、教養と呼ばれる。

皆さんは今、学校での勉強を通じて教養をインプットしている段階だ。けれども、教養ある人がオリジナルであるとは限らない。反対にオリジナリティのある人が教養ある人とも限らないのだが、オリジナリティと教養は両方あったほうがいい。

オリジナリティのある人は教養を後から身につけることができる。けれど、教養だけの人がオリジナリティを身につけることは難しい。教養というのはもうすでに答えが決まっているもの。正解の決まったことだけを学ぶのは勉強といって、学問や研究とは呼ばない。だから、誰も立てたことのない問いを立てることが大切であり、答えのない問いの探求に乗り出すことが学問なのだ。

自分自身とすでにある知の集合（教養）とのあいだにある距離、これをオリジナリティという。オリジナリティとは、「ヘンだ」「おかしいな」という違和感だ。情報はノイズから生まれるが、このノイズがすごく大事なのである。「なぜ？」「どうして？」「もやもやする」「ざわつく」、それがノイズだ。

女性学は「世の中のオヤジってむかつく」というところから生まれた。なんで世の中こうなってるの？　自分はどうしてこんなに生きづらいの？　なんでこのしくみはこうなっているんだろう、というざわめきがノイズであり、その違和感に言葉を与えて筋道をつくる。そのうえで、伝達可能な共有の知にしていくことが学問研究だ。

しかし、すべてのノイズが情報になるわけではない。自分にとってあたりまえだからスルーしてしまう「自明性の領域」もある。そこからは、ノイズは生まれない。それと反対に、自分にとってあまりにも疎遠で理解できないものもノイズにならない。

ノイズはこの二つの領域に挟まれたグレーゾーンから生まれる。自分にとってあたりまえの領域と、自分からうんと離れた疎遠な領域のあいだの中間領域、これがざわつく領域である。

一〇〇個のノイズのうち、意味のある情報はその中から二、三個しか生まれないかもしれない。だけれども、まずは一〇〇個のノイズがぶくぶくと泡立つような装置をつくろう。

ノイズの発生装置を情報生産性と呼ぶが、これは訓練によって拡大することができる。情報生産性を拡大するためには、二つの方法がある。まず自分にとってあたりまえの領域をどんどん減らしていくことが必要だ。次に、自分にとってうんと遠い、関係ないと思っているところへ食いこんでいくことも大事である。情報生産性を高めるには、できるだけざわめく状況に自分を置いたほうがいい。

つまり、自分を異質な世界に置いたり、異質な存在を身近に置く。異文化体験はその最たる例だろう。周囲の環境が多様性、異質性、違和感に満ちているとき、情報生産性はどんどん高まっていく。

これからの日本に必要なのは、このノイズを情報に転換でき、さらに考えたことのない問いを考えつくことのできる人材だ。

皆さんは、これまで先生や親の期待に応えようと彼らの顔色を見てがんばってきたことだろう。私が教える東大の学生もほとんどがそうだ。私は彼らにこう言っている。

「自分を褒めてくれる人は自分よりも年長の親や教師たち。親も教師も順番に死んでいく。キミたちは親より先に死ぬわけにはいかない。そうすると自分を褒めてくれる人が死んだ後に、誰が自分を褒めてくれるだろう？　最後に褒めてくれるのは自分だけだよね」と。

だったら自分が満足できる、自分が「ああ、おもしろかった」と言えるような人生の終わり方を目指したらどうか。

自分のしたいこと、できることと、好きなことは違うかもしれない。したいこととお金になることは違うかもしれない。それでも好きなこととは、たとえ報われなくてもやりたいことだ。学問の本当に好きな人たちは、自分の謎を解くのがおもしろくてしかたがない。だけど食べていかなきゃいけないから、少しはお金になること=他人の役に立つことを身につけておく必要がある。

今日、私が紹介した障害学や患者学の当事者研究をやっているような人たちも、ああ生きてきてよかったな、楽しかったなと言えるような、自分のための学問研究をやろうとしている人たちだ。そして、女性学、そこから広がっていったジェンダー研究もまた、当事者研究のパイオニアであり、その中の非常に大きな領域の一つである。そこでは「私という謎」を解くことにわくわくしている人たちがいる。

皆さんもこれから好きなことをやっていってほしい。もしかしたら報われるかもしれないし、報われないかもしれない。でも、生きてきて「ああ楽しかったね」と思えること、自分自身が満足いくような人生を送ること、それが一番いいんじゃないかと思う。

◎若い人たちへの読書案内——中学生にすすめる三冊

サン・テグジュペリ『星の王子さま』（岩波書店、集英社文庫ほか）

サン・テグジュペリ原作のあまりにも有名な一冊。没後五〇年経って著作権が切れたので、もとの内藤濯《ないとうあろう》訳以外に、池澤夏樹《いけざわなつき》訳などいろんな訳書が出回っている。「ほんとうに大切なものは目にみえないんだよ」というせりふをはじめ、珠玉のような文章にふれることができる。子どもと、子どもの心を忘れないおとなのために書かれた童話。犬しかお友だちのいなかった孤独な少女時代、くりかえしくりかえし暗唱するくらい読んだ本。

『聖書』

新約と旧約がある。両方とも読んでおいたほうがよい。宗教書としてではなく、歴史書として。ヨーロッパ人が何を考えてきたのか、どうしてこの思想が世界に影響を与えたのか、ひとは何をよすがに生きていくのか……を理解するために。仏典だって、コーランだって、古事記だってそれぞれの文明の起源を知るためには重要だけれど、なぜだかヨーロッパが世界の中心になってしまった。その歴史を知るには不可欠の知識がここにある。あとになって世界中のいたるところにあるおびただしい十字架と教会を見たときに、ヨーロッパ人たちが何を背負って世界に出て行ったのか、がよく理解できるだろう。

上野千鶴子『女たちのサバイバル作戦』（文春新書）

最後に自分の書いた本を。読者に読んでもらいたいとおもって書いた本だから、中高生、とくに女子に勧めたい。「チューサン階級」こと中学三年生にもわかるように書いた。あなたが生まれてからこの方、日本は女にとっていったいどんな社会だったのか、あなたがこれから出て行く社会はどんなところなのか、そのためにはどんな準備をしておけばよいのか……そういうことがわかるように一生懸命書いた。読んでもらえればうれしい。

社会とは何だろう

——入門一歩前の社会学

若林幹夫

わかばやし・みきお
一九六二年東京生まれ。東京大学教養学部相関社会科学分科卒業後、東京大学大学院社会学研究科博士課程を中退。筑波大学講師、同助教授、教授を経て、二〇〇五年より早稲田大学教育・総合科学学術院教授。
主な著書に『社会学入門一歩前』（NTT出版）『郊外の社会学』（ちくま新書）『未来の社会学』（河出ブックス）など。

社会科≠社会学ではない

今日は皆さんに「社会とは何か」「社会学とは何か」ということを、社会学の入門一歩前の準備運動としてお話したいと思います。

大学で社会学を教えるようになってもうずいぶん経《た》ちますが、その中で高校までに習う社会科と大学で習う社会学の間にずれがあることをしばしば感じてきました。そうした経験から、社会学に入門する一歩手前で、社会学への橋渡しをする必要をだんだん感じるようになりました。社会学は社会科学と呼ばれる学問領域の中の一つです。社会科学は法律学、経済学、政治学、社会学が四本の柱をなし、さらに国際関係論やマスコミ論、メディア論、フェミニズム論などがそれらを横断するように存在します。社会科学を学ぶということは、高校までの社会科とは違い、社会に対する「知識」を学ぶということではありません。もちろん、社会科学を勉強する前に、高校までの社会科で学んだ日本や世界の地理や歴史、政治や経済、金融の制度、社会思想の知識を身につけていることは望ましい。けれどもそのうえで、それらの知識をもとに、社会科学の視点・理論・方法で社会を分析できなければ、「社会科学ができる」とはいえません。

私が教える早稲田大学の教育学部では、「社会科」という名の学科が地理歴史と社会科学の二つの専修に分かれています。高校で習う社会科のうち、地理や歴史は地理歴史専修とつながりを持っています。しかし社会科学専修で扱う分野は、高校までのどの科目ともそのまますっきりつながりません。そうしたところが高校から大学に入ったときに、社会科学が「おもしろそうだが、よくわからない」という見通しの悪さ、社会科と社会科学のつながりの悪さを生む原因の一つなのだと思います。そんなつながりの悪さを乗り越えるための準備運動として、この話を聴いて下さい。

社会学は社会科学のなんでも屋か

社会科学が複数の分野に分かれるのは、社会のどのような面をどのように対象化するかがそれぞれ違うからです。先ほど挙げた四本の柱（法律学、経済学、政治学、社会学）は社会科学の四つの主要なディシプリン（Discipline）と呼ばれます。ディシプリンとは規律や規範という意味です。学問が分析対象に対して、どういうアプローチをして、問題設定を行い、どのように分析を進めるかの規律がある程度定められているということです。しかし、「規律が定まっている」といっても、それはその学問が完成していることを意味しません。学問は数ある規則がいわば束になって成立しながら、新しい束がそこに頻繁に加わるものです。ディシプリンといっても、あくまで現段階での規範を示しているに過ぎません。また、四本の柱以外の国際関係論やマスコミ論、メディア論などには、明確な単一のディシプリンが存在しません。メディア論でも著作権問題であれば法律学からのアプローチ、国際関係論では政治学と経済学を組み合わせてアプローチするというように、今存在するディシプリンを臨機応変に用いて対応することが必要になります。

四本の柱のうち社会学以外の社会科学がアプローチする対象は、社会の中の比較的わかりやすい、制度化された諸分野・諸領域です。おおまかに言えば、法律学の対象は弁護士や裁判官、検察がかかわる領域、政治学の対象は政治家や役所の活動領域、経済学なら企業というように、これらの学問の対象領域ははっきりしているといっていい。それでは、社会学が対象とする領域とは何でしょうか。「社会科学を総合するのが社会学だ」と言う研究者もいますが、法律は法律学者、経済は経済学者というように、それぞれの専門分野に特化して研究している人たちにはかないません。

社会学で扱うものには、犯罪、医療、差別、教育、環境、社会運動などいろいろあります。一見すると同じ学問と思えないほど統一感がありませんね。社会学は、ほかの社会科学が扱わない領域を扱う学問ともいえますが、なんでもありの学問ともいえそうです。けれどもこれだけ多岐に分化している社会学ですが、研究の根本にある問いは共通しています。それは「社会とは何か?」という問いです。

社会は、バラバラな存在の人間が、ともに生きる集まりです。その中には家族や差別、環境の変化などさまざまな問題が混在しています。社会学はそんな人々の集まりの諸相と、そこで生じる様々な問題を対象とするのですが、それらに対してアプローチするための語彙や方法を、「社会とは何か?」という問いをベースとしてゆるやかに共有しているため、たとえ具体的な対象が違っても、社会学者同士の話が決定的にすれ違ってしまうことはありません。ちなみに、現代の社会学者が「社会とは何か?」という問いにアプローチする方法は、一九世紀から二〇世紀にかけ、社会学の古典としてマックス・ウェーバー、エミール・デュルケム、ゲオルク・ジンメル、カール・マルクスらにより生み出された考え方がベースとなっています。これらの古典を学べば、社会学の考え方の基本が学べるというわけです。

すべての基本は「つながりとかかわり」

私の先輩で友人の社会学者の大澤真幸《おおさわまさち》は、「社会学とは行為と関係の学問である」と言っています。これを私なりにより易しく言い換えると「ほかの人や物や記号に働きかけ、それを通じてつくり出されるつながりについての学問」だということです。人間は「人の間」と書かれるように、人と人との関係によって生物的な存在の「ヒト」から、社会的な存在の「人間」になります。人と人との間の関係は、他者や世界への働きかけを通じて形成されるのです。だから社会学の入り口は、社会の中で人間が「人の間」にある在り方を、働きかけとつながりという点から見たり、考えたり、分析したりすることだということになります。例えば、社会学の視点から経済や政治を考えると、経済学や政治学とは異なり、経済や政治が他者や物や情報にどのようにかかわり、つながりを生み出すかという視点から分析することになります。このことを理解していないと、たとえば差別や環境等の社会学の研究対象の個別のあり方だけに詳しくなって、なぜそれを社会学という同じ一つの学問で分析するのかが理解できないままになるのです。

もう少し具体的に考えてみましょう。社会の中にはつながりやかかわりがあると説明しましたが、具体的にはどのようなものがあるのでしょうか。例えば、労働は物や人への働きかけです。労働のうち、農業ならば土地への働きかけ、事務労働の場合は人や組織への働きかけになります。労働は、生産物だけではなく、同僚との人間関係や、各々の働くことに対する思いも生み出すことになります。

現代の労働はどうなっているのかを考えてみましょう。現代の経済を支える資本主義は、儲《もう》けたお金を次の生産への投資に使うことで成立します。フランスの哲学者ジョルジュ・バタイユは「儲けた物を豪奢《ごうしゃ》に消費するのが人間の本質だ」としましたが、儲けた分をすべて使って「宵越しの金は持たぬ」では、資本主義は成立しません。

近代以前の多くの社会は、一部の人間が富の蓄積を行うと、持てる者と持たざる者の間に心理的な不均衡が生じて社会が不安定になるため、それを排除するシステムをつくり上げてきました。聖書に「金持ちが天国に入るのは、ラクダが針の穴を通るより難しい」とあるように、富の蓄積は罪悪と考えられてきた歴史があります。しかし、それでは資本主義が成立も発展もしません。マックス・ウェーバーは、「労働は神に奉仕することであり、それで富むことは神に選ばれた証拠」だとするプロテスタントの倫理が資本主義の精神となったと考え、それによってヨーロッパにおける資本主義の成立・発展を説明しようとしました。労働と資本主義は、そもそもは人と神とのつながりに支えられていたというわけです。他方、現代では労働に、「自己実現」という「自分自身とのかかわり」を求める傾向が強くなっています。さらに、働くことが他者とどのようなつながりを生むかという視点も重要です。

お金を使うことや消費することも、他人とのかかわりを生む行為の一つです。消費は社会的ステータスやアイデンティティの追求であり、人と物の「つながり」と「かかわり」を生みます。例えばファッションは、単に機能として服を着ることではありません。私たちは自分を別の何かに変えるため、アイデンティティにかかわる重大な行為として服を着るのです。フランスの社会学者ジャン・ボードリヤールは「現代社会では、物は機能でなく記号として消費される」という視点を提示しました。消費は人々の間で物を

「記号」として所有したり、使用したりすることで、そこに社会的意味をもったかかわりやつながりを生むのです。

政治学の問題でもある「支配・被支配の関係」も、社会学の対象です。マックス・ウェーバーによると支配には、カリスマ的支配、合法的支配、伝統的支配の三形態が存在します。カリスマ的支配では、人を引きつける常人離れした魅力を持つ人物が、人々を巻きこみ支配します。典型的なのはファシズムです。そこでは、ときに支配自体が美学的なものになり、被支配者が支配されることを熱狂的に支持する事態も生じます。これも人々の間のかかわり、つながりの形です。

暴力を仲だちとする関係はどうでしょう。ドメスティック・バイオレンスでは「暴力を受け入れることが愛されている証拠だと思ってしまう」ことがあるといいます。暴力を受けることを容認すると、単なる暴力が「愛する」という意味をこめたものとして相手に認められてしまうのです。子どもの虐待を「しつけ」だとする構図も同じです。自らの行為をしつけとして意味づけることは、虐待を社会の中で認めさせようとする行為です。今日でいう虐待は、三〇年前だったらしつけだと言い張れたかもしれません。まったく同じ行為でも、時代背景が異なれば、違う意味を持つつながりやかかわりとして解釈されてしまう可能性があるのです。

「愛」についてはどうでしょうか。「愛」という感情や行為は人類の歴史の中で普遍的なものだと思うかもしれませんが、明治時代の日本人はヨーロッパ的な恋愛を理解できませんでした。明治時代の文学者は「愛」とは「兄と妹が慕い合うようなこと」などと解釈していたようです。坪内逍遥《しょうよう》は『当世書生気質《かたぎ》』の中で、「よっぽどお前をＬＯＶＥしておるぞ」といったせりふを書いていますが、それは「愛＝ＬＯＶＥ」という感情と他者とのかかわりが外来語とその翻訳に由来するということです。今でも多くの日本人にとって、「愛してる」という言葉はどこか恥ずかしいものでしょう。欧米人が言う「愛＝ＬＯＶＥ」は、「私はあなたを愛しています」というストレートな意味だけではなく、キリスト教的な神の愛とつながっています。そうした信仰を持たない多くの日本人にとっての「愛」や「愛すること」は、欧米人にとっての「愛」と共にあるかかわりとはどこか違っているはずなのです。

私たちが無意識に行うことも時代によって様変わりします。時代や社会による絵画の様式の違いは、知覚の様式が時代や社会によって異なり、絵画に対しての意味づけや見方の構造も違うことを示しています。思想史では、遠近法の見方が成立したときに人間の世界に対する位置づけやかかわりが大きく変化し、ものの見方が変わったといわれています。現代でいえば、写真や映像を通じてさまざまなものを見ることで、「見ること」のあり方が大きく変わり続けています。それは私たちの世界とのかかわりが変わったということです。

写真や映像などを見る機会が多い現在の社会は、記憶、つまり過去とのつながりやかかわりのあり方も変化させます。私たちが子どもの頃の自分の姿を思い起こせるのは、記憶の外部メモリーとして写真が存在するからです。機械を通した視覚が、自己や社会とのかかわりを強く規定しているのです。こうして「見る」「聞く」「感じる」といった行為も世界と人間のかかわりという「社会の問題」として学問的にとらえることができるのです。

「場」に合わせて人間は変化する

さまざまな行為によって生まれたかかわりが重なり、一つのセットとして学校や家族などの場ができると、「人間はその場にあった振る舞いを社会的なパフォーマンスとして滞りなく遂行してしまう」という傾向があります。これは学校や家庭だけでなく、企業や刑務所、病院なども同じです。たとえば病院では、入院した患者が次第に病人らしく変化します。それは入院患者が病人として扱われることで、他者に身体を委ねる受け身の存在になり、その空間に適応していくからです。

地域や村落、都市もさまざまなかかわりのセットの一つです。伝統的な村落の場合、労働と居住の場所が重なり、集団での労働がかかわりの場として村落を強く規定します。しかし現代の都市の場合は労働と居住の場が多くの場合重なりません。都市では、たとえ隣同士で住んでいても共同作業を行うことがほとんどないのが普通です。「労働」を通じてのかかわりは居住地とは別の職場にあるので、家のある場所は単なる居住（場合によってはそれも食事や睡眠に切り詰められる）のためだけの場となり、地域社会での他者とのかかわりは希薄になっていくわけです。しかし、そこに新しい要素が加わると、大きな転換が起こることがあります。例えば子どもが生まれると、地域とのかかわり方が明らかに変化します。子どもを通じて親同士が知り合い、友達づき合いが始まるなど、地域の中で暮らす子どもという存在を通じて自分が住む地域が見え、かかわりの密度が濃くなります。とはいえそれは、共同労働で結びついた村落での他者とのかかわりとは異なるものです。

国民と国家も、社会的なかかわりのセットです。国民国家間で戦争が起きた場合、人々は会ったことも話したこともない人たちを「国民」という同じ仲間だと強く思い、そうした「仲間」のために命を捨てて戦おうとします。スポーツも同様で、オリンピックやサッカーのワールドカップといったビッグイベントになると、選手と面識がないにもかかわらず、たくさんの人々が「仲間」として必死に応援する光景が見られます。よく知っている外国のスター選手とよく知らない日本人選手の試合でも、多くの日本人が応援するのは日本人選手のほうでしょう。

こういったことが起きるのは、国民が同じ仲間だという想像力（イマジネーション）でつながっているからだといえます。国民国家という枠組みの中に、国民同士のかかわりやつながりが想像力を仲立ちとして存在します。そういった国民の在り方を政治学者ベネディクト・アンダーソンは「想像の共同体（Imagined Communities）」という言葉で表しました。

国家同士の国際関係も大きなかかわりの中で成立しているものです。大学院時代に私の先輩がインドネシアのエビの養殖と日本の消費者のつながりから、国際分業制における従属関係を明らかにする研究をしていました。私たちは養殖に携わるインドネシア人のことを直接知りませんが、分業の支配と従属という視点から見ると、漁民と日本の消費者は気づかないうちに深いかかわりを持っているのです。このように、一見気づきにくいかかわりをあぶり出すことができるのも、社会学のおもしろさの一つでしょう。

社会を構成するのは人間だけではない

ところで、社会の中でかかわりやつながりを構成するのは人間だけではありません。物もまた社会を構成する要素です。たとえば、講義という社会的な出来事が成立している場合、それを構成するのは生徒と教師という人間だけではありません。机やいすなども講義をなりたたせる重要な要素です。それらが適切に配置されることで、空間を教室という社会的な存在に変化させています。そこには人間と物とのかかわりがあるのです。

まちを見てみれば、道や信号がある。人々は当たり前のように道の上を歩く。それは地面の上の領域とのかかわりの中で、どこを歩くのかというルールが存在するからです。堀や垣根を乗り越えたほうが近道だとしても、そうはしません。

「物」とどのようなかかわり方をするのかによって、他人とのかかわりにおいてもどういう行動をとるのかが決められます。そういった意味づけが積み重なることで、社会は具体的にその姿を現してきます。

自然環境や人工環境との関係も社会の中で重要なことです。農業や自然の中に神を見いだし、崇拝する社会があります。そういう社会では、人々の存在の根幹になっているほど自然環境とのかかわりが深いのです。

プロテスタンティズムと資本主義の関係のように、神も社会的なかかわりやつながりを生むものの一つです。神の名の下にたくさんの人が死ぬことがあります。その社会において神は命をかけるに値する存在だからです。神と同じように妖怪や精霊、悪魔も人間の歴史の中で重大な役目を果たしてきました。人間だけが社会の要素ではないのです。

死者もまた社会のメンバーです。もちろん死者とは死体のことではありません。死体を荼毘《だび》に付しても位牌《いはい》はあるし、お墓参りにも行けます。それは言葉と想像力を用いる私たちの精神の中に「死者」が存在し、私たちがその死者とかかわり、つながっているからです。

愛も同じです。愛は言葉や振る舞いによって表され、イメージの中に存在します。愛をかたちで見ることは不可能ですが、そんな目に見えないものが、人を強く結びつけたり、社会に対してかかわりを持ったりします。それは、記号や情報、イメージが社会を構成する要素の一つだからです。記号や情報、イメージを伝達・蓄積するものは、メディア（＝媒体）と呼ばれます。死者や神に対するメディアは主として言葉になります。そして言葉を保存するメディアとして文字があります。それを大量に流布できるようにしたのが書物です。書物もまたメディアなのです。

メディアによってかかわりが広範囲に

我々はさまざまなメディアを通して他人と関係を持っています。社会は人と人とのかかわりだと言いましたが、実は人と人とが直接かかわり合うことは少なく、メディアを通したかかわりのほうが圧倒的に多いのです。

かつての村落社会とは異なり、現代の社会ではメディアを通すことで身近な社会圏を超え、さまざまなかかわりを持てるようになりました。神や愛のような人間の観念も関係を媒介するメディアとして働きます。愛や正義、友情、使命、真理、善、美などの観念を媒体として人々は相互にコミュニケーションをとり、かかわりを生み出していきます。真理をめぐるコミュニケーションは学問と呼ばれ、美をめぐるコミュニケーションは芸術や美術、正義をめぐるコミュニケーションは政治や政治思想になります。

我々に一番身近なメディアの一つにお金があります。お金は紙や金属という物であると同時に、交換価値を持つメディアです。お金を使い何かを買う行為、つまりお金と物を同価値として交換することは、買った相手とのかかわりを生むことになります。お金は持つだけで、他人とのかかわりを生み、それを通して商品やサービスなどを得られる可能性を生む存在です。かかわりが生まれる場所も商店街やネットショッピングなど、さまざまです。毎日の授業での先生方や皆さんとのつながりも、この講義での私と皆さんとのつながりも、皆さんの払う授業料によって生まれています。こう言うと元も子もないように聞こえるかもしれませんが、私たちは今、お金を媒介にして出会い、かかわっているのです。

支配の三形態で話したカリスマも、その魅力で人々をつなげるメディアといえます。彼らがそうした立場でいられるのは、多くの人がその人物を崇拝したり、もてはやしたりするからです。カリスマによって媒介される人々が、カリスマの媒体としてのあり方を支えているのです。このような関係をドイツの哲学者ゲオルグ・ヘーゲルは「主人と奴隷の弁証法」と呼びました。主人は、奴隷が従ってくれるからこそ主人として存在するということです。これはカリスマと人々の関係と同じなのです。

社会がなければ存在しない「私」

ここまで話してきたように、社会を生きることは、人や物や記号やイメージとのかかわりやつながりの中を生きることです。さまざまなメディアのネットワークの中にいることで、人は他人と関係を持つことになります。別の言い方をすると、そうしたかかわりやつながりの中を人が生きることで成立する出来事が社会だといえます。

例えば、だれかとだれかが出会って恋に落ちる恋愛は社会的な出来事です。普通、出来事とは呼びませんが、学校も社会的な出来事の一つだといえます。たとえば桐光学園は、皆さんや皆さんの先輩が勉強やクラブ活動に励む出来事として生じてから三十数年の年月を経ています。日本という国家も、日本人や日本を外側で見ている人々の関係の中で起きている出来事だといえます。学校も国家も歴史の中で起き、継続している出来事なのです。社会をこうした出来事の積み重ねであると感じることは、社会学的な感覚という意味で非常に大切です。

さらにいうと、社会的なつながり以前に存在するように思える自分という存在も、実は他人とのかかわりとつながりの中の出来事なのです。自分という存在は、他者とのかかわりの中にしか存在できません。小さい子どもが自分を指して「○○ちゃん」と言うことがあります。それは、だれかに呼びかけられる存在として、自分を発見するからです。成長した後でも、「あなたはだれ?」と問われたときに、だれの息子だとか、どんな職業だという他者や社会との関係で、自分はだれかということを考えざるをえません。「私」とは、社会的な関係の中で他者から呼びかけられる存在なのです。私らしさとかアイデンティティもその中でしか考えられません。だから、自分という存在もかかわりやつながりの一つのかたちでもあるのです。

切り離せない社会との関係

「自分」とはなんであるのかは、社会によって異なっています。「私」が何代も前のおじいさんから生まれ変わり続けているような、生まれ変わりを信じる社会もあります。そこでは、私の中に私と同時に生まれ変わったおじいさんが存在していることが当たり前です。そういう社会では、私は今ここに生きている私だけではなくなるため、現代人と同じような意味でのアイデンティティは存在しないことになります。

このように、アイデンティティも時代や場所によって変化します。現代において「私」という存在は、職業などの境遇を切り離した「私自身」としても存在できます。

しかし、江戸時代において、農民や侍といった身分と切り離して存在する「私」はありえません。身分に属することが、当時の社会的存在になる方法だからです。

インドのカースト制度でも、カーストを離れた存在はありえません。カースト制度に組みこまれることが、人が社会的な存在になる条件だからです。そこでは自分がどのカーストに属するかが、自分は何者なのかということと不可分な関係になっています。こう考えると、「自分」という存在の在り方も、社会によってかなり異なったものだというのがわかります。

一見すると反社会的、あるいは非社会的とも思われる孤独も、社会と切り離しては考えられません。孤独は他の人々とのかかわりを断って社会の外側に出ることですが、それが意味を持つのは、人が社会の中に存在しているからです。自分から進んで孤独を選択するということは、「かかわりを持たないというかかわりのかたち」を選択すること、ネガティブでマイナスの関係を選択するということです。いじめに見られるような人を無視することも、社会的な意味を持ちます。かかわりを持たないこともまた、一つのかかわりのかたちであるからです。だから他人から無視されることは、他人と強烈なかかわりを生むことになるのです。

　こうしたつながりやかかわりが織り成す社会は、今・ここという時間や空間を超えて、さまざまなかたちで広がっています。例えば、日本語は昔から受け継がれてきたもので、今話している人々が自分で生み出した言葉ではありません。それは歴史の積み重なりとして、いわば死者たちから受け継がれてきています。言葉はさまざまな考えのデータベースであり、日本語を継承する中で日本人の思考パターンは規定されてきました。今を生きる我々も言葉を話すことで、現在の言葉を次の世代につないでいきます。言語は時間と空間を超えるかかわりやつながりを生み出すのです。

　私がここまでしてきた社会学をめぐる話も、「私の話」であると同時に、私に先立って存在し、社会について考えてきた数多くの社会学者や社会科学者、哲学者や思想家たちの言葉が積み重なり、交錯して、私の中に流れこみ、私を通じて皆さんの前に現れたものということができます。ここで話しているのは私という個人だけれど、同時に、私に先立つさまざまな人々の言葉が、ここで直接言及され、名前を挙げた以外の人々のものも含め、私を通じて語られているのです。

このように考えると、社会を生きることは、地図を見ることと似ているかもしれません。地図は世界の見えない全体を可視化します。社会を生きるとき、私たちは社会の全体を見ることはできませんが、その中に自分が存在することは知っています。私たちは今・ここを超える時間や空間の中のかかわりやつながりの広がりを生きていて、その見えない広がりを「社会」という言葉で語り、イメージし、その中に自分を位置づけているのです。

社会学が人間を豊かにする可能性

ここまで社会学の入門一歩前ということで、社会とは何かという話をしてきましたが、最後に、社会学は実際に役に立つのかということについてお話ししたいと思います。社会学的に考えると、何が役に立つのか、役に立つということはどういうことなのかは、社会によって異なっています。今の世の中で役に立つといえば、就職や企業利益、行政に対して有意味であることを指すことが多いでしょう。しかし、働くことよりも祈りや功徳を積むことのほうが意味を持つという社会も存在しています。

現代の社会では、何が役に立つかは人それぞれだという考え方もあります。それは、何に役立つのかという価値観は相対的だという相対主義と、個人の価値観に他者は不干渉だとする個人主義です。実はこの考え方も社会的な出来事の一つで、仮にタイムマシンで五〇〇年ぐらい前の世界に行ってその考えを主張したら「頭がおかしい」と言われるかもしれません。

それはともかく、社会学を知れば知るほど、役に立つことや愛すること、物を使うことなどを素朴に考えることが難しくなるのは確かです。では、社会学は一切の意味や価値を相対化し否定する立場のニヒリズムかといえば、必ずしもそうではありません。社会学を知ることで、人が生きることのあり方や、他者や世界とかかわるさまざまなあり方のより広い可能性を考えられるようになります。意味や役立ちのさまざまなかたちについても考えられます。我々の社会のあり方が、唯一のものではないことも見えてきます。すべてを一挙に変えることは難しいですが、今ある出来事や制度や現象が、人間にとって逃れられない宿命ではないと知ること自体が、人間の解放につながることもあるでしょう。

そのように考えるとき、「社会学は役に立つ」といってもいいのではないでしょうか。その役立ちは、企業の業績を上げたり、生産効率を向上させたりという「今の社会の中で役に立つとされていること」ではありません。社会学は、現在、私たちがどのような可能性を持っているのかを知り、私たちの生の可能性をより豊かにするために役立つものだといえるでしょう。

今日の、この講義が皆さんにとって、そんな社会学の可能性を知る機会になればいいと思っています。「社会学ってちょっとおもしろいかな」と思ってもらえれば、まずは私の狙い通りです。人間は、社会学を勉強する前に社会を生きているけれど、社会学を知ることで、その中での生き方やかかわり方が一層豊かになる手助けに、少しでもなればいいと考えています。

今日の講義タイトルにある「入門一歩前」という言葉は、哲学者の故・廣松渉《ひろまつわたる》氏の『哲学入門一歩前』という著書から拝借しています。廣松氏はその本の中で、この言葉には「門に入る一歩手前」と、「門をくぐってから一歩前へ」という二つの意味があると説明しています。この講義も、社会学に入門する手前の一歩として、そして門をくぐった後の一歩につながるものとして、聴いてもらえたならうれしいと思っています。

◎若い人たちへの読書案内

社会学を読め！――入門前のあなたのための入門書

「学問」という言葉は、「ガクモン」というその音からして堅苦しく、人を身構えさせるところがある。学問のそんなあり方は、クラシック音楽に似ているところがあるかもしれない。

この本を読んでいるあなたは、クラシック音楽が好きだろうか？　クラシックというと、なんだかお高くとまっていて、取っ付きにくいと感じる人が多いのではないだろうか。そんな人にお薦めなのが、**許光俊《きよみつとし》『クラシックを聴け！　お気楽極楽入門書』**（青弓社、一九九八年）だ。「おいおい、学問とクラシック音楽のあり方が似ているからって、なんでいきなり音楽書の紹介なんだよ」と思う人は、ちょっと待って欲しい。タイトルからして軽薄な感じのするこの本は、クラシック音楽がきわめて知的な構築物であることを「サラダ」と「推理小説」にたとえて説明し――なぜサラダと推理小説なのかは、実際に読んで欲しい――、いくつかの曲と何人かの演奏家をとりあげて、それらの「すごさ」を分かりやすく説明する。この本が解き明かすクラシックの魅力は、個々のメロディや主題が曲全体の構造のなかではじめて意味をもつという点にある。構造化された部分と全体から成り立ち、部分も全体の構造のなかで意味をもつという点でも、学問――そしてその書物や論文――とクラシック音楽はよく似ている。著者の語り口には好悪が分かれるかもしれないが、知的に世界を理解することの入門書としてお薦めの一冊だ。

この本にも触発され、自分でもそんな本を書きたいと思って書いたのが、『**社会学入門一歩前**』（NTT出版、二〇〇七年）とその五年後に出した『**社会（学）を読む**』（弘文堂、二〇一二年）だ。

私自身は、クラシック音楽は中学生の頃から好きだったけれど、人文社会科学に本格的に触れ、あれこれ読むようになったのは大学に入ってからだった。今もそうだと思うけれど、人文社会科学の場合、高校まで学ぶことと大学で学ぶことの間のギャップが大きい。私は授業やゼミをきっかけに、そしてまた自分自身の興味に導かれて、しばしば背伸びしていろいろな本を読み、また先生たちやまわりの学生たちから学びながら学問に親しんでいった。たとえばそんな風にして学生時代に読んだ**クロード・レヴィ゠ストロース**の『**親族の基本構造**』（青弓社、二〇〇〇年、ただし私が当時読んだのは、今は絶版の番町書房版）や『**野生の思考**』（みすず書房、一九七六年）は、今でも私の社会学の土台になっていて、分かる人が読めば、ここに収めた講義にもそれらの影響は明らかだろう。どちらも厚い大きな本で、値段も高いし、多くの人には一読して分からないところだらけかもしれない。でも、そもそも社会という存在とその謎について本質的に考えた本がそんな簡単に分かるわけがないのは、クラシック音楽の大曲をそう簡単には楽しめないのと同じことだ。大切なことは、全部わからなくてはいけないと思わないこと。分からないなりに読み進んでいくと、だんだんそこに上質な推理小説のようなスリルとサスペンス、美味《おい》しい。サラダのような味わいがあるのが感じられるようになる。『親族の基本構造』は大学三年の時、ある先生から授業での報告を命じられて読んだのだけれど、今でもその先生に感謝している。

もっとも、皆がそううまくいくわけではない。自分が教員になって学生たちと接していると、なおさらそれがよく分かる。じゃあ、無理に背伸びしなくても、ちょっと先に進むために使える梯子《はしご》か踏み台みたいな本があればと思って書いたのが、先にあげた二冊の本だ。『社会学入門一歩前』は、「社会学すること」の感覚をつかみ、入門したときさらに一歩前に踏み出せることを目指し、中学生や高校生でも読めることを想定して書いた。本書に収められた講義は、この本を仕上げているころに行われたものだ。『社会（学）を読む』の方は、本当に「本屋の梯子か踏み台」のように、社会学の本を手にとり、どう読んでいけば「社会学すること」の面白さを味わえるのかを書いた本。準備運動の後には、こちらも是非。もちろん、レヴィ＝ストロースの本も含めて、そこでとりあげた〝難しそうな本〟にも、手を伸ばして読んでください。

言葉について

古井由吉

ふるい・よしきち

一九三七年東京都生まれ。小説家、ドイツ文学者。現代日本文学において、特定の作風や文壇的派閥にかかわらない特異な位置を占める。一般にはいわゆる「内向の世代」の代表的作家とも言われている。代表作は、『杳子』、『聖』『栖』『親』の三部作、『槿』、『仮往生伝試文』、『白髪の唄』など。

「言葉」が「事柄」から遊離する弊害とは

「私の話を聞きながら眠ってもかまいませんよ。眠って私の話を聞かなくても、ちっとも損になりませんから」。

これは、かの大文豪・夏目漱石《なつめそうせき》が講演の冒頭で口にした言葉です。さすがの貫禄とでもいいましょうか。ずいぶん洒落《しゃれ》のきいた言葉ですね。でもこの話、じつはこれから話す内容にも少しかかわりがあるのです。

さて、今日のテーマは「言葉について」。

これは雲をつかむような話でして、「言葉とは心です」と結論だけ出して、「さて、これで終わります」って帰っちまえば世話ないんだろうけど、なかなかそう簡単にはいかない（笑）。これが、言葉と心の関係の難しさ。人びとが悩むところはいつだって同じともいえるでしょう。

ところで、言葉の「言（＝こと）」という字と、事柄の「こと（＝事）」という字は、奈良や平安の時代のあたりまで同じ言葉だったらしい。そこで、事柄の「こと」と言葉の「こと」を分けるために、言葉の「こと」のほうに「葉」を付けて「言葉」としたんだそうです。それまでは、「言葉」とは「事柄」だ、という考え方があったんですね。言葉と事柄を等しいものとして結びつけていた。

言葉のまるで引っかからない事柄ってありますよね。言葉ではすくいとれない、表現できないような事柄。私たちはいつもこれに悩まされる。けれど一方では、だんだん言葉の方に引き上げられて、やがて言葉と融合する、そういう事柄もあるわけです。そのあたりが言葉の問題になるんです。

かつて、事柄が言葉などをまったく受けつけなかったような時代があったと思われる。そのうちに人びとは、事柄は言葉にすくいとられて初めて人の事柄になると感じ始めた。ところがその後、今度は言葉が発達しすぎて、言葉が事実から遊離してしまうようになった。現代はそういう弊害がずいぶん出ている。

家に帰ってきて、今日一日自分が何を話したのか思い出そうとしても、どうもはっきりしない。よくあることです。とりわけ何か大事なことを話そうと思って人と会って、それなりに話してお互いに受け答えしたのに、さてひとりになってみると、いったい何を話したのか。それがふたりの間にある事柄にどういう影響を及ぼしたのか。さっぱり思い出せないことがある。これが今の、日本語の悩みのひとつの現れではないか。

なにも若い人のことばかりを指しているわけではないんです。青年も中年も年寄りも、どう心がけてもやっぱり言葉が上滑りしてしまう。どうしても断片的になって話がまとまらないために、人びとは絶えずイライラしている。政治の場でも身近なところでも同じです。その問題についていくらしゃべってもなかなか埒《らち》があかない。いったいこの国に何が起きているのか?――これは残念ながら簡単に答えられる問題ではありません。

平和の中にいると言葉が早口になる不思議

じつは、こんな事実があるんです。世の中が豊かになり、それが二〇年、三〇年、四〇年と続くと、人の話す言葉や書く言葉が切れぎれになってくる傾向があるという。これは歴史の上からも明らかにされていることだそうです。反対に、世界が何らかの危機に瀕《ひん》していたときには、言葉がもっとしっかりしていた。もっと精密に、もっと綿密に物事を伝えていた。ある意見やある認識をひとまとまりにしっかり述べることができた。ところが平和な時代が続くと、だんだん言葉が切れ切れになってしまう。

これはいったいどういうことでしょう？　同じような平穏の中にいる人間たちは、いつの間にか生活の様子も同じようなものになるんです。そして、ものの考え方が同じようになる。正確にいうと、「同じようになった」と思ってしまうんですね。だから、あまりしっかりと話さなくても自然と意思が通じると思い込む。そのうちにどんどん言葉が切れぎれになって早口になっていく。

これはなにも日本ばかりではないと思います。外国の言葉も、ここ三〇～四〇年でずいぶん早口になっている。私は若い頃にドイツ語を学びましたが、後年になってからドイツに行ってみると、みんなずいぶん早口で話すのでびっくりしました。

音楽についても似たようなことがいえます。五〇年代～六〇年代のアメリカにハリー・ベラフォンテという黒人の歌手がいました。彼が日本で公演を行ったとき、その音楽のあまりの迫力に驚かされたのを覚えています。他にも私たちが若い頃に熱中したジャズやポピュラー音楽は、その当時は大層迫力があるように聞こえたものです。まるでこちら側に迫ってくるような感じがしました。ところが三〇年、四〇年経《た》った今になって聞いてみると、のどかに聞こえる。現代の曲のテンポとは比べものにならないくらいスローに感じるんです。
音楽でもそう感じるのだから、たぶん私たち年寄りが普段話しているテンポも、若い人にはずいぶんゆっくり聞こえるんだろうなと思います。私なんかはもともと話すのがゆっくりのたちで、歳をとればとるほどますますゆっくりになってますから、つい眠気を誘うような口調になっていると思いますけど……皆さん、大丈夫ですか？（笑）
だいたい、どんなことがあっても人は眠るものです。私自身も高校の頃は、やれ因数因子がどうの、円と振動がどうのといった、そういうしちめんどくさくて小難しい術語を聞きながら、それを子守唄に寝ていたことがありますから。これだけは、時代が移り変わっても変わらないのかもしれません。
それに「講演で人を眠らせるようになったら立派なもんだ。下手な講演だとみんなイライラして眠る事もできない」なんていう意見もある。気がついてみたらみんな気持ちよく眠っているというのは、ある意味では最高の講演ということにもなるんでしょうね。ゆっくり、ゆったりと流れる音楽のような講演。漱石もそのことをよくよく心得ていたからあんなことを口にしたのかもしれない。逆にいえば、聞いていて眠ることもできないような、苛立《いらだ》った話しぶりも多いということなのでしょう。

現代人は耳が悪くなっている?

では私たちは何を心がけたらいいのでしょう? ただゆっくり話すように気をつければよいのでしょうか? これまた難しい話です。悲しいかな、人というのは年を取るにつれて耳が悪くなってきます。言葉の聞き取りに齟齬《そご》が生じれば、当然、誤解も生む。それが寄る年波のせいならばある程度はいたしかたのないことでしょう。ところがどうも現代では、若い人たちも耳が悪くなってきている。身体的な話ではありません。そうではなくて、今の若い人たちは他人の言葉を耳で聞いてつかむことが下手になっているような気がするんです。

たとえば会社で上司が部下に、今日すべき仕事について、どういう手順で何に用心したらいいのか、丁寧に話して説明するとします。そこで「質問ありませんか」と部下に尋ねると、若い社員が手を挙げて、「マニュアルにしてください。書いてください。でないと頭に入らない」と答えるそうなんです。

「把握」という言葉がありますよね。つかむこと——とりわけ物事の意味や主旨を頭でつかむということを指して使われる言葉です。でも、目でつかむ、耳でつかむ、ということもあるのではないでしょうか。つまり、目で見たものから、耳で聞こえたものから、直接に理解する。そうした身体的なやりとりから初めて理解できる意味が必ずあると思うのです。

人の会話にとって大切なのは、単に文字のみで表される意味でなく、そこに載せられた感情のトーンも含めてしっかりつかむことです。ところが、どうも現代人はあまり静かな場所にいられない。それに、昔と比べてあまりに時間が早く流れる。ゆっくりと聞いたり話したりしている暇がないので、ついつい聞くのも話すのも刹那《せつな》的になってしまう。「会話」というよりは「反応」なんですね。言葉を通じた心のやりとりというよりは、単に言葉に対して反応を繰り返しているだけ。話している相互の心情の展開に欠けるというきらいがある。これはちょっと恐ろしい。こんな具合に言葉が扱われ続けていったら、この先どうなってしまうのか。強い危惧《きぐ》はありますが、なかなか有効な解決策は見つかっていません。

日本人は「かな」と「漢字」を使うバイリンガル

ところで、「世界で一番わかりにくいのは、日本語とアラビア語だ」と外国人はこんなふうに文句を言うらしい。まあ、たしかに日本語というのはかなり変わった言語体系ではあります。

じつは、日本以外の世界に住んでいるあらかたの人びとはバイリンガルだともいえます。ひとつに限らずいろんな言語を話せることが多い。たとえばアメリカだったら、英語だけじゃなく、むしろスペイン語のほうが通用する地域というのもある。同じように、どの国でもたいてい二カ国語くらいは通用することが多い。

それに引き換え、日本人はモノリンガルだといえるでしょう。日本語以外の言語が通用する地域というのは、まずありえない。日本語というのは言葉と国籍が直結した、いわば体質的な言語だということです。だから外国語を話すことが下手なんじゃないかと言われてしまう。

その考えはたしかに成り立つ。ただ私は、逆にこんなふうにも思うんです。「日本語ほどバイリンガルな言葉はないのかもしれないな」と。

日本語には「かな」と「漢字」がありますよね。この二つは、姿も体系もまったく異なっている。「かな」から「漢字」へ、「漢字」から「かな」へ、私たち日本人はそのひとつひとつの切り替えを、読むときばかりでなく話すときも瞬時にこなしているんです。パソコンだったらこの変換は機械がやってくれるわけだけど、日常的なやりとりではそうはいかない。その膨大な量の変換を常に頭の中で行うことになる。そりゃあ疲れるはずですよね。

そのぶん、翻訳は非常にうまい。それから、外国から入ってきた技術を理解して覚えるのも大層うまいといえます。

明治維新のとき、西洋文明の流入と同時に、それまでの日本語の概念になかった言葉も大量に入ってきました。日本人は、それらになんとか漢字をあてて訳して使ったわけです。たとえば「認識」とか「観念」だとかが代表的な例ですね。それを明治の初めのうちに見事にやってのけた。これは、皆さんが想像している以上に高度な作業なんですよ。

ちなみに今の中国語の中で、政治にかかわるものなど公的に使う言葉の多くは、日本が明治の頃につくった造語を適用しています。それこそ「政治」や「経済」、「民主主義」や「共産主義」といった言葉が良い例です。いうなれば、言葉の逆輸入ですね。もともと中国で生まれた漢字が、日本で進化を遂げ、新しい姿で中国に流入している。これも大変おもしろい現象だといえるでしょう。

人は言葉を失えば足場も失う

こんなふうに、かなと漢字という、まったく異なった姿のものを同時に使いこなしてきたのが日本人の特殊性であり特長ともいえるでしょう。これに対し、合理化が進む現代においては「こんな煩わしいことはやめろ、いっそ標準語を英語にしてしまえ」という考え方もあります。実際、すでに社員全員に英語をしゃべらせている会社もあるくらいです。たしかに、外国人との伝達の際にはメリットがあるでしょう。しかし母国語を失った国というのはじつに惨めなものです。

伝統というのは、まさしく「言葉」なんです。その言葉を奪われてしまうということは、足場がない状態とまったく同じ。立つにも歩くにも走るにも、ただ外国の模倣にたよることになる。そもそも日本がこれまでの長い歴史の中で築いてきた伝統は、西洋の伝統とはずいぶん異なっています。その基礎を捨て去って、今さらまるごと西洋から借りなければならないなんて、人間の文化にとってこれほど悲惨なことはない。

加えて、西洋の伝統からきた文明や技術の発展は、今や行き詰まりを迎えつつあるんです。年金問題も、核の問題も、すべて西洋で生まれた考え方に由来しています。日本は現代社会を形作るうえで、その文明を借りてきたはいいけれど、今になって行き詰まってしまった。そして残念なことに、西洋の文明の力では、この行き詰まりの是正がなかなかできない。でも、東洋の文明――さらにいえば日本独自の伝統なら、その行き詰まりをやわらげるか、是正する力になるかもしれない。そう考えると、伝統というのはそう簡単には手放してはいけないものだということがわかるでしょう。

日本語にしかできないことを考えてみよう

ところが、日本語はどうもはっきりしない、意味をしっかり限定していないと批判される。これは外国人の多くが感じていることであると同時に、外国語のできる日本人も同様に思っていることのようです。

たしかに日本語という言語は、いくつかの難点も持っています。いうなれば、非常に悠長な言語です。表現したい内容を強く限定して投げつけることが上手でない。それに、何か危機が起こったときに発する警告の言葉の力が弱い。他の国の言語に比べて命令形がそれほど発達していない。その命令形が動かす心情自体も強くない。そういう意味では、大変やわらかな言語ともいえます。

それから先にいったように、漢字をかなに、かなを漢字に、頭の中で変換しながら話したり聞いたりしていることの弊害も挙げられるでしょう。もちろん咄嗟《とっさ》のことだから、僕らは意識していない。だけど大変な危機に瀕したとき、ひと呼吸、ふた呼吸遅れる恐れはある。

その一方で、限定ばかりしていくと、こぼれ落ちてしまう事柄もたくさんある。日本語というのは限定しない代わりに、ふわふわと漂うあいまいな事柄も上手にすくいとることができる。ある程度の広がりをもっている言葉を、その広がりのまま捉えることが可能な言語なんです。

一般的に外国の言葉を使うのが下手なのは、日本人と韓国人だと言われています。でも日本人と比べれば、韓国人の方がよほど上手でしょう。そう言われる理由の一つに、日本語には「子音の種類が少ない」という特徴が挙げられるそうです。つまり、子音に対する聴覚が発達していない。だからその土地に送られて二カ月～三カ月、あるいは半年くらい経ないと、そこで使われている言葉を聞き取るだけの聴覚が身に付かないんだそうです。まあ、たしかにそういう面はあるでしょう。でも、問題はもっと根本的な部分に存在しているような気がします。

私たちの使う漢字というのは表意文字です。昔々にさかのぼれば、元は象形文字なんですよ。漢字の持つ意味はたいそう広い。私たち日本人は、その意味の深さをたった一文字の中に含んで使っているわけです。つまり、ある意味の広がりを、そっくりそのまま捉えて言葉の中に組み込む能力が日本人にはある。無論、漢字というのは中国からのものですよね。しかし、現在の中国語は、近代日本語の構造をだいぶ受けて、かなり表音化しているそうです。むしろ日本語のほうがまだ表意にこだわっている。

そもそも日本人には、意味を一つだけに限定して、単純明快に論旨を組み立てるという習慣が薄かったともいえる。そういう技術は異国の人たちと交わるうちに学んで教えられたことで、時代が進むにつれてずいぶん慣れたものの、本来はやっぱり、苦手なのかもしれない。

ある事柄を、ある広がりのままに表現して伝える。聞く方も、ある広がりのままに聞いて答える。あるいは、その広がりを自分の中に留める。そういうやりとりのほうが、長い歴史の中で培ってきた日本人のもともとの性分なのかな、という気がします。

しかしながら時代が移り変わり、ますます国際化が進むにつれて、言葉のあり方も変わってきている。もともとの性分と、後から流入した使い方との間で、現代の僕らの言葉は分裂しているんですよね。これからは、少し悲しいことではあるけれど、伝統をそのまま続けるのではなくて、今の時代に適《かな》ったかたちで言葉を使っていくことになると思います。とはいえ、むやみに変えればいいわけでもない。よその国はどうなっているのか、世界ではどういう形が求められるのか考えながら、日本語の意義を再認識することが必要になってくる。

現代社会は「言葉が沁《し》み込《こ》まない」

さっきもお話ししたように、今の世界に生きていて苦しい点は、人がくつろいで話したり聞いたりできる場所が驚くほど少ないということなんです。たとえば、皆さんが恋愛をして、ふたりでちょっと込み入った話をじっくりしたいと思ったって、そういうことができる場所があまりない。今の若い人たちは、せわしない周囲に合わせて話すスピードが自然と早くなってしまう。本人たちは込み入った話をしているつもりでも、会話が切れ切れになり、走ったりする。だから、言葉がじわっと沁み込んでいかない。お互いの理解をじっくり深める事にはなかなかなりにくいという面がある。

皆さんの中には古い映画が好きな人もいるかと思いますが、ぜひ一九五〇年代〜六〇年代の日本の映画をご覧になってみてください。そして、会話に耳を澄ましてご覧なさい。そこではじつにテンポがゆるやかなんですよね。それから、言葉と言葉のあいだに間がずいぶん入るんです。ある人が「〇〇でしょうか」と言うと、だいぶ経ってから「□□ですね」なんて答える。その間が流れるあいだに、お互いの思いが少しずつ深まっていくんですね。とくに、小津安二郎《おづやすじろう》の映画の会話のシーンだけでもご覧になったらいいと思います。茶の間でふたりが少し込み入った話をしている。言葉が途切れる。そのあいだに、火鉢にかかったやかんのお湯が沸いてチンチンチンと鳴る音とか、いろいろな物音が入ったんです。そうしたやりとりの様子を見ると、今の自分たちはずいぶんあわただしく話しているなあと痛感します。これでは伝えにくいことも受け取りにくいことも多いはずだとつくづく思いますね。

とはいっても、そういうゆったりした時間の中で生活をすること自体、今は無理ですよね。そういう「話の空間」を持てる人は幸せです。

僕はだいぶ前に、東京・鶯谷《うぐいすだに》にある「子規庵《しきあん》」という場所で、二〇～三〇人を相手に話をしたことがあります。これは正岡《まさおか》子規の住まいを復元した昔ながらの木造建築で、八帖《じょう》くらいの小さな部屋です。それまで、僕が人前で話すときは、今風の鉄筋コンクリートの建物の中がほとんどだった。それはそれで、音響のことがよく研究されたつくりをしている。でも、子規庵で話したときは、「古い木造建築で話すだけで、こんなにも自分の声が深くなったように感じるものなのか」と驚いた。あるいは、「聞く方もこんなにじっくりと耳を傾けるものなのか」とね。

というのも、子規庵では人の声が天井板のほうから反響して、わずかながらエコーみたいな効果になるんですよ。だから絶妙のあんばいで言葉が響く。それに対して、鉄筋コンクリートの建物は反響がきついんですよね。瞬間的に、ビーン、と跳ね返ってくる。子規庵のような微妙なエコーとは違います。そんなとがった反響の中にいると、たとえば恋人同士が話していても、あんまりしんみりした空気にはならないんじゃないかと思うんです。

これも今の時代にはしかたのないことですね。なにか話のできる空間を自分たちでこしらえるといったって、そういう部屋をつくれるわけではないし、ましてや音響効果を自分でやるわけにいかない。これはもう、話す前の気分、雰囲気の問題だろうなあ。今の時代において、少し大事な話を細かい部分にわたって話したいときには、話に入る前の、お互いの間の雰囲気を自分でつくっていくしかしょうがないと思う。

ちなみにこういうふうに、公的な場所で話すときも違うんですよ。日本は近代化の際にいろいろな建物をつくりましたが、当時は煉瓦《れんが》造りが多かった。煉瓦造りっていってもほぼ模造煉瓦だけどね。とにかく、そのおかげで話すのも聞くのも大変楽だった。コンクリートと煉瓦では音響がまったく違う。煉瓦の方がどうもうまい具合にエコーがかかる。これが言葉の伝達をいいあんばいで助けてくれた。ところが、コンクリート建築だとそうはいかない。人の議論がどうしてもとげとげしくなるし、ささいな発言がすぐに人につきささるところになり、物争いの種になる。そういう弊害はあるのでしょう。

言語感覚の磨き方はどこで覚えたらいい?

そういうとげとげしいやりとりが横行している中で、今の若い人たちに対してよく言われているのが、「言葉を大事にしろ」ということなんです。これには僕も同感です。けれど、ただそう言ってばかりでもしかたがない。いったいどう大事にすればいいのかがわからないからみんな苦労しているんですよね。

ひとくちに言葉といっても、いろいろな単語が存在します。加えて、それらの単語の意味の範囲や、さらには意味合いといった複雑な問題がつねに横たわっている。どういう言葉とどういう言葉とが結びつきやすくて、どういう言葉とどういう言葉とが反発するのか。そういう大切なことを、おいおい心得ていかなければならない。

　言葉と言葉づかい。それをどこで磨くかというと、以前は親から子に教えられるものだったんです。大人から若い者に教えられるものだった。ところが今の時代はそれが非常に難しい。「いまどきの若いもん」なんてよく言うけど、同時に若い人からすれば「いまどきの年寄りは」とも言いたくなるところですよね。この歳だから告白しますが、私たちは年をとってもなかなか成熟できない。私も「年寄りの言う事はアテにならねえな」って思うこともあるんですよ。でも、そういう依怙地《いこじ》な点は今回は多少勘弁してやってください（笑）。

　親から子へ、あるいは年寄りから若い人へ、そういう受け渡しがなかなか難しい時代だとしたら、いったい何に頼ればいいのでしょう？——古めかしい技法だけれど、それはやっぱり、本を読む事ではないでしょうか。

　本を読むときに、その主意や、「これは何を追求しているか」なんていうことを考えるのも大事ですが、読書の効能はそれだけじゃあないんです。もちろん、本を読む目的はそれでいいかもしれないけど、まずは、いろいろな時代のいろいろな人の口調に触れることが大事です。たとえば、皆さんが夏目漱石の本を読むとする。正直なところ、読んでいる間はもうちんぷんかんぷんだと思う（笑）。使われる熟語の違いだけでなく、語り口調だって、今の時代とはおよそ遠い口調ですよね。でも、読んでいるうちに「あ、こういう口調で話してたんだな」「こんな言葉の使い方をしていたんだな」と感じることはたくさん出てくるはず。そういう感じ方の積み重ねから、いわゆる言語感覚というものが磨かれていくんです。

ヒントは「言葉を使い分ける」ということ

では、具体的に、「言葉を大事にする」にはどうしたらいいのか。

いっそ、「話す」ということを二通りに分けてみてはどうでしょう？

親しい人と気分のおもむくままに言葉をやりとりするのもいいでしょう。けれど、ある一定の距離をとりながら、しかも複雑なことを話さなければならないような場合も当然あるはず。そのときに、親しい人と言葉をやりとりするような話の仕方をすれば、喧《けん》嘩《か》になるか、もしくは何も同意していないのに意気投合してしまう。どうも曖昧なことになってしまう。そういう、居ずまいを正すべき場面に必要な話し方も、身につけておかないと、あとあとになって悔やむことになります。

言葉というものは形式上、口語と文語に分けられることがあります。一般的に文語というのは、古代の文章をつくり出している言葉ですよね。そういう分け方はもちろん正しい。でも、ここでひとつ、「われわれの時代にも口語と文語はあるんだ」ってぐらいに考えてみてはいかがでしょう。

つまり、親しい者同士で、短い言葉を投げつけ合ったってお互い自《おの》ずと理解できる場合――こういうときに使う言葉を口語とする。これに対し、話す者同士の間に距離があって、なおかつテーマもやや込み入っている場合は、言葉だけで正確に伝えないと誤解が生じてしまう。言葉だけで共通の認識を組み立てないといけない。こういうときに使う言葉を文語とするんです。

口語と文語。二通りの言葉を学ぶ。当然、ひと通りの言葉づかいだけを身につけるよりもきついんだけれど、そういう心得も必要ではないでしょうか。

昔は大学に進む人間のパーセンテージが今よりよほど少なかった。小学校か、あるいは小学校の上につく高等小学校を出てすぐに働きにでる人間が多かった。歳にすれば、一二～一四。まだまだ子供ですよね。実際、普段のおしゃべりを聞いていると、すっ飛んだことばかり言っている。ところがいったん商売につくと、まるで話し方が違ってくるんですよね。それまでの物言いからは信じられないような、大人びた言葉づかいをするようになる。私は大学に行ったほうだけど、彼らに比べると、大学にいる人間ってのはいつまでもずいぶん子どもっぽい話し方をしているな、と思ったもんです。

今の時代だと、使い分けというのはあまりいいことでないようにも言われますよね。人として裏表があるとか。逆に、率直一本の物言いはもてはやされる傾向にある。しかしそれは、ずいぶん幼稚な感覚なんですよ。人はそのときそのときによって、いろいろな立場にある。皆さんだって、友達に対する立場と、親に対する立場、あるいはよその年寄りに対する立場はまるで違うでしょう。それを自ずから使い分けているはずですよね。ただし、今の人はその使い分けが少し下手です。そのせいで、言葉が通じにくくなるし、言葉自体もみっともないものになる。

自分ひとりのものじゃないからこそ言葉は味方になる

いろんな立場を使い分けるのは、皆さんにしてみれば一見ずるいことのように思えるかもしれない。けれど、使い分けてみて初めてわかる、言葉のおもしろさ、奥深さっていうのはやっぱりあるんですよ。使い分けることに馴染《なじ》むほど、言葉が成熟する。そういう側面もある。ただ率直、ただ飾り気がない、ただ陽気、ただ明るい……むしろこういうのは、じつは人間の成長にとって問題なんです。

とくに戦後の教育では、「明るい」ということが世間で強調されすぎて、暗くしていることはいけないことだという風潮ができあがった。だけど、人間明るくしてばかりいられますか？　暗い部分も当然あるでしょう。本来、それはなにも悪いことじゃない。それなのに、今は暗くしているだけで、「うつ病」と言われちゃうこともあるんですよね。ほんとうに苦しんで助けを求めている人はいいけれど、周りから勧められるままに病院に行ってすぐに薬を飲まされるのは、あんまりいい事ではないと思うんです。

人間の、ちょっと複雑に入り組んだ部分。あるいは、容易には底が見通せないような暗い部分。そういう部分を、これからはもっと尊重したほうがいいように思う。ただ、それにはいろいろ危険が伴うのもまた事実です。ともすれば、底に沈みっぱなしになってしまうことがある。それを救うのが、まさしく言葉ではないかと私は思います。

言葉っていうのは、自分ひとりのものではないんです。今の時代だけのものでもない。大勢の他人の、これまでに亡くなった人も含めた長い長い歴史からできあがったもので、自分の勝手にならない代わりに、自分が追いつめられたときに支えになってくれる。

なにも「新しいものの言い方が悪くて、古いものの言い方はいい」という、そんなつまらない問題じゃあないんです。もっと人間が、自分の内面の複雑さを取り戻して、それ相応の言語を身につけることが、これからはとくに大事なのではないか――私はそう思っております。

やっぱりこんなふうに皆さんの前で話してみると、どこか年寄りの繰りごとみたいになりますね。でも、年寄りの言葉って、後々思い出すと多少役には立つもんなんですよ。直接にはなかなか言葉は響いてこないかもしれないけれど、時間を隔てたときに、はっと思い返すこともある。まあ気長に年月を待ってみてください。皆さんが年を取り、ただ率直には生きることができなくなったとき、こうした言葉が響いてくるのではないか、少しはその困難の助けになるのではないかと期待しています。

どうも、眠たい話にもかかわらず、ご静聴ありがとうございました。眠ってしまっていても損にはならないけれど、起きて耳に入れておいてくださっても、やっぱり損にはなりませんから（笑）。何十年か後の小さな小さな楽しみにでもしておいてください。

◎初出一覧

永井均「科学的には解明できない〈私〉の存在」　『学問のツバサ』二〇〇九年
池内了「それは、本当に「科学」なの？」　『私と世界、世界の私』二〇一一年
管啓次郎「アメリカ・インディアンは何を考えてきたか？」　『「こころ」とのつきあい方』二〇一二年
萱野稔人「なぜ、人を殺してはいけないのか？」　『私と世界、世界の私』二〇一一年
上野千鶴子「ジェンダー研究のすすめ」　『未来コンパス』二〇一〇年
若林幹夫「社会とは何だろう——入門一歩手前の社会学」　『知の冒険』二〇〇八年
古井由吉「言葉について」　『問いかける教室』二〇一三年
ともに、水曜社刊

※本書は、これらを底本とし、テーマ別に抜粋、再編集したものです。各章末の「若い人たちへの読書案内」は、本書のための書き下ろしです。

〈中学生からの大学講義〉大好評既刊

第一巻『何のために「学ぶ」のか』
外山滋比古「知ること、考えること」／**前田英樹**「独学する心」／**今福龍太**「学問の殻を破る」／**茂木健一郎**「脳の上手な使い方」／**本川達雄**「生物学を学ぶ意味」／**小林康夫**「学ぶことの根拠」／**鷲田清一**「「賢くある」ということ」

第三巻『科学は未来をひらく』
村上陽一郎「科学の二つの顔」／**中村桂子**「私のなかにある38億年の歴史」／**佐藤勝彦**「宇宙はどのように生まれたか」／**高薮縁**「宇宙から観る熱帯の雨」／**西成活裕**「社会の役に立つ数理科学」／**長谷川眞理子**「ヒトはなぜヒトになったか」／**藤田紘一郎**「「共生の意味論」きれい社会の落とし穴」／**福岡伸一**「生命を考えるキーワード　それは〝動的平衡〟」

第四巻『揺らぐ世界』

立花隆「ヒロシマ・ナガサキ・アウシュビッツ・大震災」／**岡真理**「〝ナクバ〟から六〇年」／**橋爪大三郎**「世界がわかる宗教社会学」／**森達也**「世界はもっと豊かだし、人はもっと優しい」／**藤原帰一**「民主化とピープルパワー」／**川田順造**「人類学者として、3・11以後の世界を考える」／**伊豫谷登士翁**「グローバルに考えるということ」

第五巻『生き抜く力を身につける』

大澤真幸「自由の条件」／**北田暁大**「いま君たちは世界とどうつながっているか」／**多木浩二**「キャプテン・クックの航跡」／**宮沢章夫**「地図の魅力とその見方」／**阿形清和**「イモリやプラナリアの逞しさに学ぶ」／**鵜飼哲**「〈若さの歴史〉を考える」／**西谷修**「私たちはどこにいるのか？」

ちくまプリマー新書 227

考《かんが》える方法《ほうほう》〈中学生《ちゅうがくせい》からの大学講義《だいがくこうぎ》〉2

二〇一五年二月十日　初版第一刷発行
二〇二五年三月五日　初版第十四刷発行

著者　永井均（ながい・ひとし）／池内了（いけうち・さとる）
菅啓次郎（すが・けいじろう）／萱野稔人（かやの・としひと）
上野千鶴子（うえの・ちづこ）／若林幹夫（わかばやし・みきお）
古井由吉（ふるい・よしきち）

編者　桐光学園＋ちくまプリマー新書編集部
装幀　クラフト・エヴィング商會
発行者　増田健史
発行所　株式会社筑摩書房
東京都台東区蔵前二－五－三　〒一一一－八七五五
電話番号　〇三－五六八七－二六〇一（代表）
印刷・製本　株式会社精興社

ISBN978-4-480-68932-0 C0295　Printed in Japan

©NAGAI HITOSHI, IKEUCHI SATORU, SUGA KEIJIRO, KAYANO TOSHI-HITO, UENO CHIZUKO, WAKABAYASHI MIKIO, FURUI YOSHIKICHI 2015

乱丁・落丁本の場合は、送料小社負担でお取り替えいたします。

本書をコピー、スキャニング等の方法により無許諾で複製することは、法令に規定された場合を除いて禁止されています。請負業者等の第三者によるデジタル化は一切認められていませんので、ご注意ください。